Jean-Baptiste Say

Catéchisme d'économie politique

ISBN : 978-1502706065

10 9 8 7 6 5 4 3 2 1

Jean-Baptiste Say

Catéchisme d'économie politique

Table de Matières

AVERTISSEMENT DE L'AUTEUR [1].

L'Économie politique n'est pas la politique ; elle ne s'occupe point de la distribution ni de la balance des pouvoirs, mais elle fait connaître l'économie de la société ; elle nous dit comment les nations se procurent ce qui les fait subsister. Or, comme c'est aux efforts des particuliers que ces choses sont dues, comme ce sont principalement les particuliers qui jouissent de l'aisance générale qui en est la suite, on ne doit pas considérer l'économie politique comme l'affaire des hommes d'État exclusivement : elle est l'affaire de tout monde.

On ne peut pas espérer, néanmoins, que chaque citoyen soit versé dans cette science. Tout le monde ne peut pas tout savoir; mais il est très et très-désirable que l'on acquière une teinture générale de ce genre de connaissance, et qu'on n'ait d'idées fausses sur rien, particulièrement sur les choses que l'on est intéressé à bien connaître.

Tel fut mon motif pour composer, il y a quelques années, sous le nom de Catéchisme, une instruction familière destinée à rendre communes les principales vérités de l'économie politique ; je voulais que l'on pût y être initié en dépensant si peu d'attention, de temps et d'argent, qu'il fût honteux de les ignorer. Mais on sait combien il est difficile de faire un bon ouvrage élémentaire et d'être clair sans appeler à son secours les développements, les exemples et les preuves qui présentent chaque objet sous toutes ses faces et dans tout son jour. Je ne fus point satisfait de cet abrégé, et ce fut avec un vrai regret que je le vis traduit en anglais, en allemand, en espagnol, en italien, avant que je fusse parvenu à le rendre moins indigne de cet honneur ; j'empêchai du moins qu'il ne fût réimprimé en français quand la première édition s'en trouva épuisée, et j'attendis, pour en

1 Cet avertissement est celui de la 3ᵉ édition de l'ouvrage, la dernière qui ait été publiée du vivant de l'auteur (1826). Une 4ᵉ a été donnée, en 1837, par M. Ch. Comte, gendre de l'illustre économiste, secrétaire perpétuel de l'Académie des sciences morales et politiques. On doit rappeler également qu'il existe plusieurs traductions de cet ouvrage en langue italienne, espagnole, anglaise, allemande, et même en grec moderne. E. D.

donner une seconde, d'avoir pu le refondre entièrement ; je le rendis beaucoup plus clair ; je profitai de quelques critiques judicieuses, et j'y fis entrer quelques principes qui n'ont été solidement établis que depuis sa première publication.

De nouvelles corrections et plusieurs augmentations rendent cette troisième édition moins imparfaite encore, et de nouveaux motifs se sont offerts pour étudier, suivant les nouvelles méthodes, l'économie des sociétés. L'opinion publique, en tous pays, a fait des pas immenses : les intérêts nationaux, presque partout, ont été mieux entendus et plus généralement réclamés. Les nouvelles républiques américaines ont cherché à connaître les seules bases solides de l'édifice social. Le ministère britannique est enfin sorti des routines de la vieille diplomatie et du système exclusif qui a ralenti pendant un siècle les progrès du genre humain [1]. Des capitaux considérables ont cessé d'être dévorés par la guerre, et ont reflué vers des emplois utiles Les routes d'une ambition dévastatrice fermées à la jeunesse, elle s'est jetée avec ardeur dans la carrière de l'industrie. Mais les jeunes gens, au sortir de leurs études, se sont aperçus que l'économie politique aurait dû en faire partie ; elle supplée à l'expérience, et quand on est sur le point d'occuper une place dans la société, on sent la nécessité de connaître l'ensemble de ce vaste et curieux mécanisme. Parmi les hommes d'État, les jurisconsultes, les écrivains, les commerçants, ceux qui occupent le premier rang n'ont pas voulu demeurer étrangers aux premiers principes d'une science où une analyse rigoureuse a conduit à la certitude sur tous les points essentiels ; malheureusement, au milieu du tourbillon du monde et des affaires, on n'a plus assez de loisir pour se livrer à une étude de longue haleine ; ils ont cherché un résumé qu'ils pussent lire sans fatigue, et qui cependant offrît des bases sûres pour résoudre les plus importantes questions.

---

1 On sait que le système exclusif est celui qui soutient que la prospérité d'une nation ne saurait avoir lieu qu'aux dépens de celle des autres nations. C'est cette fausse notion qui a causé la plupart des guerres ; et c'est un grand triomphe de l'économie politique que d'être parvenue à démontrer que chaque peuple, au contraire, est intéressé aux progrès de tous les autres. Lorsque cette vérité sera généralement répandue, le germe des rivalités sanglantes ne subsistera plus (*Note de l'Auteur.*)

Mais quel droit a celui-ci à leur confiance ? Un auteur qui n'expose pas des vérités au nom d'une autorité reconnue, doit prouver qu'il a raison ; or, comment établir ces preuves dans. un petit nombre de pages, et lorsqu'on est en même temps jaloux de se faire entendre des esprits les moins exercés ? Il est donc bien nécessaire que les lecteurs qui ne trouveraient pas assez de motifs de conviction dans ce petit livre, aient recours à un ouvrage plus considérable [1] que j'ai constamment corrigé, et auquel il m'est permis de croire que le public a. donné son approbation, puisqu'il a subi l'épreuve de quatre éditions nombreuses et épuisées [2], et qu'après avoir été traduit dans toutes les langues de l'Europe, il est adopté dans l'enseignement de l'économie politique partout où cette science est professée [3].

Je sais que quelques tètes nébuleuses s'efforcent encore tous les jours de répandre du louche sur des sujets qu'elles sont incapables de concevoir nettement. Elles obscurcissent une question pour se donner le droit de dire qu'elle n'est point encore éclaircie. On doit peu s'en inquiéter ; c'est l'épreuve indispensable que doit subir toute vérité. Au. bout d'un certain temps, le bon sens du public fait justice des opinions qui n'ont pour appui que de vieilles habitudes, ou les illusions de l'amour-propre, ou les sophismes de l'intérêt personnel ; et la vérité reste.

D'un autre côté, certains écrivains, capables de travailler utilement à la diffusion des lumières, s'occupent à fabriquer des systèmes où il n'y a rien à apprendre et des dissertations dogmatiques qui ne prouvent autre chose que la facilité d'avoir une opinion en économie politique, et la difficulté de lier les principes dont se compose cette science. On veut paraître avoir dépassé les éléments, et l'on se jette dans des controverses qui découvrent qu'on ne les possède pas bien,

---

1 *Traité d'Économie politique*, ou simple exposition de la manière dont se forment, se distribuent et se consomment les richesses. Trois vol. in- 9.

2 La cinquième a paru en 1826, et l sixième, en 1841, dans la *Collection des principaux économistes*, dont elle forme le tome IX.

3 Relativement à quelques doctrines plus nouvelles, ou qui ont été contestées par des auteurs dont l'opinion est de quelque poids, j'ai cru devoir les développer dans des notes et les appuyer de preuves dont les esprits bien faits ne peuvent jamais se passer. (*Note de l'Auteur.*)

On remplace l'exposition des faits par des arguments, s'imaginant qu'il est possible d'arriver à des résultats importants avant d'avoir bien posé les questions. On oublie que la vraie science, en chaque genre, ne se compose pas d'opinions, mais de la *connaissance de ce qui est.*

En économie politique, comme dans toutes les sciences, la partie vraiment utile, celle qui est susceptible des applications les plus importantes, ce sont les éléments. C'est la théorie du levier, du plan incliné, qui a mis la nature entière à la disposition de l'homme. C'est celle des échanges et des débouchés qui changera la politique du monde. Le temps des systèmes est passé m; celui des vagues théories également. Le lecteur se défie de ce qu'il n'entend pas, et ne tient pour solides que les principes qui résultent immédiatement de la nature des choses consciencieusement observées, et qui se trouvent, dans tous les temps, être applicables à la vie réelle.

Jean-Baptiste Say

Chapitre I
De quoi se composent les Richesses, et ce que c'est que la Valeur.

Qu'est-ce que nous enseigne l'économie politique ?

Elle nous enseigne comment les richesses sont produites, distribuées et consommées dans la société.

Qu'entendez-vous par ce mot les RICHESSES ?

On peut étendre la signification de ce mot à tous les biens dont il est permis à l'homme de jouir ; et sous ce rapport la santé, la gaîté sont des richesses. Mais les seules richesses dont il est question en économie politique, se composent des choses que l'on possède et qui ont une valeur reconnue. Une terre, une maison, un meuble, des étoffes, des provisions, des monnaies d'or et d'argent, sont des portions de richesses. Chaque personne ou chaque famille possède une quantité plus ou moins grande de chacune de ces choses ; et leurs valeurs réunies composent sa fortune. L'ensemble des fortunes particulières compose la fortune de la nation, *la richesse nationale* [1].

---

1 Dans un ouvrage élémentaire, où l'on est obligé d'emprunter le langage commun, surtout en commençant, j'ai dû renoncer à des expressions plus exactes, mais qui supposent dans le lecteur et plus d'instruction et plus de capacité pour réfléchir.

Tous les biens capables de satisfaire les besoins des hommes, ou de gratifier leurs désirs, sont de deux sortes : ce sont ou des *richesses naturelles* que la nature nous donne gratuitement comme l'air que nous respirons, la lumière du soleil, la santé ; ou des *richesses sociales* que nous acquérons par des services productifs, par des travaux.

Les premières ne peuvent pas entrer dans la sphère de l'économie politique, par la raison qu'elles ne peuvent être ni produites, ni distribuées, ni consommées.

Elles ne sont pas *produites*, car nous ne pouvons pas augmenter, par exemple, la masse d'air respirable qui enveloppe le globe ; et quand nous pourrions fabriquer de l'air respirable, ce serait en pure perte, puisque la nature nous l'offre tout fait.

Elles ne sont pas *distribuées*, car elles ne sont refusées à personne, et là où elles manquent (comme les rayons solaires à minuit), elles sont refusées à tout le monde.

Enfin, elles ne sont pas consommables, l'usage qu'on en fait ne pouvant en

Pour que les choses que vous avez désignées comme des richesses méritent ce nom, ne faut-il pas qu'elles soient réunies en certaine quantité ?

Suivant l'usage ordinaire, on n'appelle riches que les personnes qui possèdent beaucoup de biens ; mais lorsqu'il s'agit d'étudier comment les richesses se forment, se distribuent et se consomment, on nomme également des richesses les choses qui méritent ce nom, soit qu'il y en ait beaucoup ou peu, de même qu'un grain de blé est du blé, aussi bien qu'un boisseau rempli de cette denrée.

Comment peut-on faire la comparaison de la somme de richesses renfermée en différents objets ?

En comparant leur valeur. Une livre de café est, en France, au temps où nous vivons, pour celui qui la possède, une richesse plus grande qu'une livre de riz, parce qu'elle vaut davantage [1].

Comment se mesure leur valeur ?

---

diminuer la quantité.

Les *richesses sociales*, au contraire, sont tout entières le fruit de la *production*, comme on le voit dans la suite de l'ouvrage ; elles n'appartiennent qu'à ceux entre lesquels elles se distribuent par des procédés très-compliqués et dans des proportions très-diverses ; enfin, elles s'anéantissent par la consommation. Tels sont les faits que l'économie politique a pour objet de décrire et d'expliquer. (*Note de l'Auteur.*)

1 L'idée de la valeur ne peut être séparée de l'idée d'une mesure des richesses ; car ce qui fait grande la richesse du possesseur d'un objet, rend petite la richesse de ceux qui ont besoin de l'acquérir. Ainsi quand le blé renchérit, la richesse de ceux qui en ont devient plus grande, mais la richesse de ceux qui sont obligés de s'en pourvoir diminue. On ne peut donc pas dire : *Tel objet est une grande ou une petite richesse, selon qu'il a beaucoup ou peu de valeur* ; mais *la richesse de telle personne ou de telle communauté est grande, quand les objets qu'elles possèdent ont beaucoup de valeur ; elle est petite dans le cas contraire.*

C'est ce qui fait que les variations dans la valeur réciproque des produits, ne changent rien aux richesses d'une nation. Ce qui est gagné d'un côté est perdu de l'autre.

C'est ce qui fait en même temps que toute une nation est plus riche quand les frais de production baissent pour quelque produit que ce soit ; dans ce cas, la nation qui est l'acheteur de ce produit, le paie moins cher, sans que le vendeur y perde : car le vendeur, de son côté, acquiert à meilleur compte un objet qu'il produit avec moins de frais. (*Ed.*)

Jean-Baptiste Say

En la comparant aux différentes quantités d'un même objet qu'il est possible, dans un échange, d'acquérir par leur moyen. Ainsi, un cheval que son maître peut, du moment qu'il le voudra, échanger contre vingt pièces d'or, est une portion de richesse double de celle qui est contenue dans une vache qu'on ne pourra vendre que dix pièces d'or [1].

Pourquoi évalue-t-on plutôt les choses par la quantité de monnaie qu'elles peuvent procurer, que par toute autre quantité ?

Parce qu'en raison de l'usage que nous faisons journellement de la monnaie, sa valeur nous est mieux connue que celle de la plupart des autres objets ; nous savons mieux ce que l'on peut acquérir pour deux cents francs, que ce que l'on peut obtenir en échange de dix hectolitres de blé, quoique au cours du jour ces deux valeurs puissent être parfaitement égales, et par conséquent composer deux richesses pareilles.

Est-ce une chose possible que de créer de la richesse ?

Oui, puisqu'il suffit pour cela de créer de la valeur, ou d'augmenter la valeur qui se trouve déjà dans les choses que l'on possède.

Comment donne-t-on de la valeur à un objet ?

En lui donnant une utilité qu'il n'avait pas.

Comment augmente-t-on la valeur que les choses ont déjà ?

En augmentant le degré d'utilité qui s'y trouvait quand on les a acquises.

---

1 On sent que l'échange, ou tout, au moins la possibilité de l'échange, est nécessaire pour déterminer la valeur d'une chose qui sans cela serait arbitraire. Je peux estimer 10,000 francs un jardin que j'affectionne ; mais cette estimation est arbitraire si personne ne consent à m'en donner ce prix ; quand sa valeur échangeable n'est que de 5,000 francs, je ne suis, en réalité, riche que de 5,000 francs, à raison de ce jardin : c'est-à-dire que je peux, en le cédant, me rendre maître de toutes les jouissances que l'on peut avoir pour 5,000 francs.(*Note de l'Auteur.*)

Chapitre II
Ce que c'est que l'Utilité, et en quoi consiste la Production des Richesses.

Qu'entendez-vous par l'utilité ?

J'entends cette qualité qu'ont certaines choses de pouvoir nous servir, de quelque manière que ce soit.

Pourquoi l'utilité d'une chose fait-elle que cette chose a de la valeur ?

Parce que l'utilité qu'elle a la rend désirable, et porte les hommes à faire un sacrifice pour la posséder. On ne donne rien pour avoir ce qui n'est bon à rien ; mais on donne une certaine quantité de choses que l'on possède (une certaine quantité de pièces d'argent, par exemple) pour obtenir la chose dont on éprouve le besoin. C'est ce qui fait sa valeur.

Cependant il y a des choses qui ont de la valeur et qui n'ont pas d'utilité, comme une bague au doigt, une fleur artificielle ?

Vous n'entrevoyez pas l'utilité de ces choses, parce que vous n'appelez *utile* que ce qui l'est aux yeux de la raison, tandis qu'il faut entendre par ce mot tout ce qui est propre à satisfaire les besoins, les désirs de l'homme tel qu'il est. Or, sa vanité et ses passions font quelquefois naître en lui des besoins aussi impérieux que la faim. Lui seul est juge de l'importance que les choses ont pour lui, et du besoin qu'il en a. Nous n'en pouvons juger que par le prix qu'il y met : pour nous, la valeur des choses est la seule mesure de l'utilité qu'elles ont pour l'homme. Il doit donc nous suffire de leur donner de l'utilité à *ses yeux*, pour leur donner de la valeur.

L'utilité est donc différente selon les lieux et selon les circonstances ?

Sans doute : un poêle est utile en Suède, ce qui fait qu'il a une valeur dans ce pays-là ; mais en Italie il n'en a aucune, parce qu'on ne s'y sert jamais de poêle. Un éventail, au contraire, a une valeur en Italie, et n'en a point chez les Lapons, où l'on n'en sent pas le besoin.

L'utilité des choses varie de même dans un même pays selon les époques et selon les coutumes du pays. En France, on ne se servait pas de chemises autrefois, et celui qui en aurait fabriqué n'aurait peut-être pas réussi à en faire acheter une seule ; aujourd'hui, dans ce même pays, on vend des millions de chemises [1].

La valeur est-elle toujours proportionnée à l'utilité des choses ?

Non, mais elle est proportionnée à l'utilité qu'on leur a donnée.

Expliquez-vous par un exemple.

Je suppose qu'une femme ait filé et tricoté une camisole de laine qui lui ait coûté quatre journées de travail : son temps et sa peine étant une espèce de prix qu'elle a payé pour avoir en sa possession cette camisole, elle ne peut la donner pour rien, sans faire une perte qu'elle aura soin d'éviter. En conséquence, on ne trouvera pas à se procurer des camisoles de laine, sans les payer un prix équivalent au sacrifice que cette femme aura fait [2].

---

1 C'est l'utilité d'une chose et non les frais de production qui en fait la valeur ; car un poêle coûterait, en Italie, des frais de production, et cependant n'y aurait point de valeur mais il faut qu'en chaque lieu l'utilité soit assez grande pour déterminer les hommes à payer les frais de production que coûtera la chose. En Suède, un poêle est assez utile pour valoir ses frais de production ; mais il ne les vaut pas en Italie. En France, les chemises qu'on y vend valent leurs frais de production ; elles ne les y valaient pas autrefois : on n'en demandait pas, parce qu'on n'en éprouvait pas le besoin.
Comme les choses ne sont pas produites quand elles ne valent pas leurs frais de production, et que d'un autre côté, elles sont produites du moment que les consommateurs consentent à payer ces frais-là, plusieurs auteurs ont écrit que c'étaient les frais qui étaient la cause de la valeur. (*Note de l'Auteur.*)
2 Une personne qui fabrique ainsi des choses à son usage, se procure et consomme des richesses dont la valeur n'a pas été contradictoirement débattue et arrêtée entre un vendeur et un acheteur. On peut alors évaluer la portion de richesse consommée d'après le prix qu'on aurait obtenu du produit, si l'on avait jugé à propos de le vendre. C'est véritablement cette valeur qui, dans cette circonstance, a été consommée. Les auteurs

L'eau, par une raison contraire, n'aura point de valeur au bord d'une rivière, parce que la personne qui l'acquiert pour rien, peut la donner pour rien ; et, en supposant qu'elle voulût la faire payer à celui qui en manque, ce dernier, plutôt que de faire le moindre sacrifice pour l'acquérir, se baisserait pour en prendre [1].

C'est ainsi qu'une utilité communiquée à une chose lui donne une valeur, et qu'une utilité qui ne lui a pas été communiquée ne lui en donne point.

N'y a-t-il pas des objets qui ne sont capables de satisfaire immédiatement aucun besoin, et qui cependant ont une valeur ?

Oui ; les fourrages ne peuvent immédiatement satisfaire aucun des besoins de l'homme, mais ils peuvent engraisser des bestiaux qui serviront à notre nourriture Les drogues de teinture ne peuvent immédiatement servir ni d'aliment, ni d'ornement, mais elles peuvent servir à embellir les étoffes qui nous vêtiront. Ces choses

---

qui se sont appuyés de cette hypothèse pour prouver qu'il y a des richesses produites et consommées, autres que celles qui ont une valeur constatée par un échange, n'ont fait qu'une vaine chicane ; ils ont cherché à embrouiller ce qui était éclairci. C'est pour une semblable raison qu'il y a beaucoup de livres d'économie politique plus nuisibles qu'utiles au progrès de la science. Un commerçant fait bien de ne pas les lire, parce qu'ils jettent des obscurités dans son esprit ; et celui qui a des notions arrêtées fait de même bien de ne pas les lire, pour ne pas perdre son temps.

L'exemple rapporté dans le texte fait voir que les richesses sociales ne sont point un don gratuit fait à l'homme, qu'elles ont nécessairement une valeur, et qu'il faut toujours les payer, soit par un travail qui a un prix, soit par un autre produit qui a un prix également.

On doit en excepter toutefois les produits du fonds de terre qui, comme on le verra ailleurs, sont une valeur que le propriétaire ou ses prédécesseurs possèdent à titre gratuit, et qu'ils ne cèdent pas de même. Les motifs en sont donnés à l'endroit où il en est question.

1 Un verre d'eau douce peut avoir un très-grand prix dans une traversée de mer, lorsque la provision d'eau est épuisée, et quoiqu'il n'ait rien coûté à celui qui se trouve l'avoir en sa possession. Cette circonstance extraordinaire, qui augmente beaucoup la valeur d'une chose, sans qu'on y ait ajouté une nouvelle utilité, est l'effet d'une espèce de monopole ; ce n'est point un accroissement, mais un déplacement de richesse. Elle fait passer le prix du verre d'eau de la poche du passager qui le désire ardemment, dans celle du passager qui consent s'en passer. Il n'y a pas eu création d'une nouvelle richesse. (*Notes de l'Auteur.*)

ont une utilité indirecte ; cette utilité les fait rechercher par d'autres producteurs, qui les emploieront pour augmenter l'utilité de leurs produits ; telle est la source de leur valeur [1].

Pourquoi un contrat de rente, un effet de commerce ont-ils de la valeur quoiqu'ils ne puissent satisfaire aucun besoin ?

Parce qu'ils ont de même une utilité indirecte, celle de procurer des choses qui seront immédiatement utiles. Si un effet de commerce ne devait pas être acquitté, ou s'il était acquitté en une monnaie incapable d'acheter des objets propres à satisfaire les besoins de l'homme, il n'aurait aucune valeur. Il ne suffit donc pas de créer des effets de commerce pour créer de la valeur : il faut créer la chose qui fait toute la valeur de l'effet de commerce ; ou plutôt il faut créer l'utilité qui fait la valeur de cette chose.

Les choses auxquelles on a donné de la valeur ne prennent-elles pas un nom particulier ?

Quand on les considère sous le rapport de la possibilité qu'elles confèrent à leur possesseur d'acquérir d'autres choses en échange, on les appelle des *valeurs* ; quand on les considère sous le rapport de la quantité de besoins qu'elles peuvent satisfaire, on les appelle des *produits*. Produire, c'est donner de la valeur aux choses en leur donnant de l'utilité ; et l'action d'où résulte un produit se nomme Production.

---

1 L'utilité, en économie politique, doit être comprise dans le sens le plus étendu. Une chose peut être utile, parce que les hommes veulent la consommer pour leur satisfaction personnelle ; telle autre, parce qu'ils veulent s'en servir dans une consommation reproductive ; ce dernier cas est celui où se trouvent toutes les matières premières des arts. A vrai dire, dans tous les cas, les hommes ne recherchent les choses et n'y mettent de prix que parce qu'elles peuvent servir à leur satisfaction. Or, c'est une sorte de satisfaction que d'employer des matières premières pour se faire des revenus ou accroître ses capitaux,

Un champ possède une valeur, quoiqu'il ne satisfasse immédiatement aucun besoin, mais il produit du blé qui est propre à la nourriture de l'homme ; il a une utilité indirecte. La demande qui a lieu pour le blé établit la demande, et par conséquent la valeur de la chose qui peut contribuer à procurer cette denrée. (*Note de l'Auteur.*)

Chapitre III
De l'Industrie.

Vous m'avez dit que produire c'était donner de l'utilité aux choses : comment donne-t-on de l'utilité ? comment produit-on ?

D'une infinité de manières ; mais, pour notre commodité, nous pouvons ranger en trois classes toutes les manières de produire.

Quelle est la première manière dont on produit ?

C'est en recueillant les choses que la nature prend soin de créer, soit qu'on ne se soit mêlé en rien du travail de la nature, comme lorsqu'on pêche des poissons, lorsqu'on extrait les minéraux de la terre ; soit qu'on ait, par la culture des terres et par des semences, dirigé et favorisé le travail de la nature. Tous ces travaux se ressemblent par leur objet. On leur donne le nom d'*industrie agricole*, ou d'*agriculture*.

Quelle utilité communique à une chose celui qui la trouve toute faite, comme le pêcheur qui prend un poisson, le mineur qui ramasse des minéraux ?

Il la met en position de pouvoir servir à la satisfaction de nos besoins. Le poisson dans la mer n'est d'aucune utilité pour moi. Du moment qu'il est transporté à la poissonnerie, je peux l'acquérir et en faire usage ; de là vient la valeur qu'il a, valeur créée par l'industrie du pêcheur. De même, la houille a beau exister dans le sein de la terre, elle n'est là d'aucune utilité pour me chauffer, pour amollir le fer d'une forge : c'est l'industrie du mineur qui la rend propre à ces usages, en l'extrayant par le moyen de ses puits, de ses galeries, de ses roues. Il crée, en la tirant de terre, toute la valeur qu'elle a étant tirée.

Comment le cultivateur crée-t-il de la valeur ?

Les matières dont se compose un sac de blé ne sont pas tirées du néant ; elles existaient avant que le blé ne fût du blé ; elles étaient répandues dans la terre, dans l'eau, dans l'air, et n'y avaient aucune utilité, et par conséquent aucune valeur. L'industrie du cultivateur, en s'y prenant de manière que ces diverses matières se soient réunies sous la forme d'abord d'un grain, ensuite d'un sac de blé, a créé la valeur qu'elles n'avaient pas. Il en est de même de tous les autres produits agricoles.

Quelle est la seconde manière dont on produit ?

C'est en donnant aux produits d'une autre industrie une valeur plus grande par les transformations qu'on leur fait subir. Le mineur procure le métal dont une boucle est faite ; mais une boucle faite vaut plus que le métal qui y est employé. La valeur de la boucle par-dessus celle du métal est une valeur:produite, et la boucle est un produit de deux industries : de celle du mineur et de celle du fabricant. Celle-ci se nomme *industrie manufacturière*.

Quels travaux embrasse l'industrie manufacturière ?

Elle s'étend depuis les plus simples façons, comme celle que donne un grossier artisan villageois à une paire de sabots, jusqu'aux façons les plus recherchées, comme celle d'un bijou, et depuis les travaux qui s'exécutent dans l'échoppe d'un savetier, jusqu'à ceux qui occupent plusieurs centaines d'ouvriers dans une vaste manufacture.

Quelle est la troisième manière dont on produit ?

On produit encore en achetant un produit dans un lieu où il a moins de valeur, et en le transportant dans un lieu où il en a davantage. C'est ce qu'exécute l'*industrie commerciale*.

Comment l'industrie commerciale produit-elle de l'utilité, puisqu'elle ne change rien au fonds ni à la forme d'un produit, et qu'elle le revend tel qu'elle l'a acheté ?

Elle agit comme le pêcheur de poisson dont nous avons parlé, elle prend un produit dans le lieu où l'on ne peut pas en faire usage, dans le lieu du moins où ses usages sont moins étendus, moins précieux, pour le transporter aux lieux où ils le sont davantage, où sa production est moins facile, moins abondante, plus chère. Le bois de chauffage et de charpente est d'un usage et par conséquent d'une utilité très dans les hautes montagnes, où il excède tellement le besoin qu'on en a qu'on le laisse quelquefois pourrir sur place ; mais .le même bois sert à des usages très-variés et très-étendus, lorsqu'il est transporté dans une ville. Les cuirs de boeuf ont peu de valeur dans l'Amérique méridionale, où l'on trouve beaucoup de boeufs sauvages : les mêmes cuirs ont une grande valeur en Europe, où la nourriture des boeufs est dispendieuse, et les usages qu'on fait des cuirs bien plus multipliés. L'industrie commerciale, en les apportant, augmente leur valeur de toute la différence qui se trouve entre leur prix à Buénos-Ayres et leur prix en Europe [1].

1 Avant qu'une analyse rigoureuse des opérations productives eût été faite, les auteurs qui ont écrit sur le commerce ont dit et répété, les uns après les autres, que le commerce consiste essentiellement dans l'échange que l'on fait du superflu de ses marchandises contre le superflu des autres ; et que le commerce est profitable en ce que des deux parts on gagne à ce marché. Ce n'est point là le fondement de la production commerciale.

Il n'y a une nouvelle valeur produite que là où il y a une utilité produite, et que cette utilité est le fruit d'un service, d'un travail quelconque. Or, quelle est l'utilité donnée par le commerçant à la marchandise qu'il me vend ? c'est évidemment de l'avoir mise sous ma main. La localité d'un objet, st je peux m'exprimer ainsi, est une partie de ses propriétés : on le modifie en le changeant de place, et on le modifie surtout sous le rapport de son utilité ; car un objet auquel on ne saurait atteindre ne peut servir.

Cette modification est antérieure au moment de l'échange, car l'échange ne modifie rien. Deux produits, une balle de café d'un côté, une somme d'argent de l'autre, arrivés en présence, sont, après l'échange conclu, au même état qu'auparavant : ils sont au même lieu et valent toujours leur prix courant du moment. Mais, pour que la balle de café vînt là, il a fallu qu'il y eût des services rendus par des commissionnaires, des armateurs, des matelots, des commis, par le négociant lui-même qui a conçu l'opération ; les capitaux eux-mêmes employés dans cette affaire, ont rendu des services ; voilà une partie des éléments du prix de la marchandise, éléments véritablement productifs, car il fallait que tous ces services fussent rendus pour que le résultat fût obtenu. Le fait de la vente et de l'achat a constaté l'existence de cette valeur, mais ne l'a pas donnée.

C'est cette analyse qui a tiré la théorie de la production commerciale, de la

Que comprend-on sous le nom d'industrie commerciale ?

Toute espèce d'industrie qui prend un produit dans un endroit pour le transporter dans un autre endroit où il est plus précieux, et qui le met ainsi à la portée de ceux qui en ont besoin. On y comprend aussi, par analogie, l'industrie qui, en détaillant un produit, le met à la portée des plus petits consommateurs. Ainsi l'épicier qui achète des marchandises en gros pour les revendre en détail dans la même ville, le boucher qui achète les bestiaux sur pied pour les revendre pièce à pièce, exercent l'industrie commerciale ou le *commerce*.

N'y a-t-il pas de grands rapports entre toutes ces diverses manières de produire ?

Les plus grands. Elles consistent toutes à prendre un produit dans un état, et à le rendre dans un autre où il a plus d'utilité et de valeur. Toutes les industries pourraient se réduire à une seule. Si nous les distinguons ici, c'est afin de faciliter l'étude de leurs résultats ; et malgré toutes les distinctions, il est souvent fort difficile de séparer une industrie d'une autre. Un villageois qui fait des paniers, est manufacturier ; quand il porte des fruits au marché, il fait le commerce. Mais, de façon ou d'autre, du moment que l'on crée ou qu'on augmente l'utilité des choses, on augmente leur valeur, on exerce une industrie, on produit de la richesse.

---

région des systèmes et des idées vagues, et ceux qui se prévalent de ce que les vrais principes de l'économie politique sont encore trop peu répandus pour reproduire les suppositions gratuites de Condillac à ce sujet, se donnent beaucoup de peine pour remettre dans l'obscurité ce qu'on en a tiré. Ils feraient rétrograder les connaissances humaines, si cela était possible.

Dans ce qui précède, je mets hors de la question le cas où l'un des deux contractants est dupé par l'autre, et vend, par exemple, dans un lieu donné, du café à dix pour cent au-dessus du cours. Cela ne change rien à la valeur du café. Le profit frauduleux que fait le vendeur en vertu de ce marché, est une perte pour l'acheteur qui a payé à tort, tout autant que l'autre a gagné à tort. Ce n'est point là une valeur produite : c'est une valeur qui a passé d'une poche dans une autre, comme les pertes et les gains du jeu, comme les profits des voleurs.   (Note de l'Auteur.)

Chapitre IV
Des opérations communes à toutes les Industries.

Comment appelle-t-on les hommes qui entreprennent la confection d'un produit quelconque ?

Ce sont les entrepreneurs d'industrie.

Quelles sont les opérations qui constituent le travail d'un entrepreneur d'industrie ?

Il doit d'abord acquérir les connaissances qui sont la base de l'art qu'il veut exercer.

Que doit-il faire ensuite ?

Il doit rassembler les moyens d'exécution nécessaires pour créer un produit, et finalement présider à son exécution.

De quoi se composent les connaissances qu'il doit acquérir ?

Il doit connaître la nature des choses sur lesquelles il doit agir ou qu'il doit employer comme instruments, et les lois naturelles dont il peut s'aider.

Donnez-moi des exemples.

S'il veut être forgeron, il doit connaître la propriété qu'a le fer de s'amollir par la chaleur, et de se modeler sous le marteau ou sous des cylindres. S'il veut être horloger, il doit connaître les lois de la mécanique et l'action des poids ou des ressorts sur les rouages. S'il veut être agriculteur, il doit savoir quels sont les végétaux et les animaux qui sont utiles à l'homme, et les moyens de les élever. S'il veut être commerçant, il doit s'instruire de la situation géographique des différents pays, de leurs besoins, de leurs lois, ainsi que des moyens de transport qui sont à sa portée.

Quels sont les hommes qui s'occupent à recueillir et à conserver ces diverses connaissances ?

Ce sont les savants. L'entrepreneur d'industrie les consulte directement, ou consulte leurs ouvrages.

Ne suffit-il pas à l'entrepreneur de s'instruire des procédés de son art ?

Oui ; mais les procédés mêmes de son art sont fondés sur des connaissances recueillies, mises en ordre, conservées et journellement augmentées par les savants [1].

Les savants prennent donc part à la production des richesses ?

Indubitablement. Les vérités qu'ils enseignent sont la base de tous les arts.

Qu'arriverait-il, relativement à l'industrie, si les sciences cessaient d'être cultivées ?

---

1 Il est de l'essence de l'industrie de se perfectionner continuellement par les progrès des sciences, c'est-à-dire de faire chaque jour aux besoins des hommes de nouvelles applications des découvertes qui se font dans le sciences, soit que ces découvertes consistent en des pays nouveaux, en des matières nouvelles; ou bien en des lois nouvellement trouvées en physique, en chimie, ou dans l'organisation animale, ou dans les mathématiques. Ce sont des pays auparavant inconnus qui nous ont procuré une foule d'aliments et de teintures dont nous faisons maintenant un grand usage, notamment la pomme de terre, qui, apportée du Chili, est destinée doubler la population de l'Europe. La connaissance des propriétés du fer et des manières de le traiter, a eu et doit avoir d'immenses influences sur tous les arts ; et les recherches faites sur nos organes intérieurs ont perfectionné l'art de guérir. Les applications des mathématiques ont été moins utiles ; cependant leurs progrès n'ont pas été sans effets sur les arts mécaniques et la navigation ; et la géométrie descriptive a permis de représenter avec plus d'exactitude les formes exécutées ou à exécuter. Il est bon de remarquer que les progrès que les arts doivent aux sciences sont de deux genres : ils leur doivent de nouveaux arts, ou seulement des procédés plus expéditifs et plus économiques. Or, les richesses humaines s'augmentent également, soit lorsqu'on par vient à acquérir de nouvelles jouissances, soit lorsqu'on parvient à se procurer avec moins de frais les jouissances déjà connues. (Note de l'Auteur.)

On conserverait pendant un certain temps, dans les ateliers, la tradition des connaissances sur lesquelles sont fondés les procédés qu'on y exécute, mais ces procédés se dénatureraient peu à peu entre les mains de l'ignorance ; de mauvaises pratiques s'introduiraient ; on ne saurait pas pourquoi elles sont mauvaises, on n'aurait aucun moyen de retrouver les bonnes ; enfin, l'on ne pourrait attendre le perfectionnement que du hasard [1].

Après s'être instruit de la nature des choses sur lesquelles et par lesquelles il doit agir, que doit faire encore l'entrepreneur d'industrie ?

Il doit calculer les frais qu'occasionnera la confection du produit, en comparer le montant avec la valeur présumée qu'il aura étant terminé ; et il ne doit en entreprendre la fabrication, ou la continuer s'il l'a déjà entreprise, que lorsqu'il peut raisonnablement espérer que sa valeur sera suffisante pour rembourser tous les frais de sa production [2].

Quelles sont les autres opérations industrielles de l'entrepreneur ?

Il doit enfin diriger les travaux des agents salariés, commis, ouvriers, qui le secondent dans la confection des produits.

Désignez-moi quelques classes d'entrepreneurs dans l'industrie

1 Il y a bien des découvertes scientifiques qui n'ont point d'application immédiate dans les opérations industrielles. Il ne faut cependant pas les regarder comme nulles, par rapport à ces opérations :
1° Parce qu'une découverte à laquelle on n'a point trouvé encore d'utilité, comme l'électricité galvanique *, peut en présenter plus tard.
2° Parce qu'une connaissance qui n'a point encore d'applications, sert à compléter des notions applicables, à donner des idées plus justes sur certains points qu'il est utile de connaître. Des recherches faites sur.la chaleur et sur les gaz ont conduit à des résultats fort importants pour la théorie et la pratique des machines à vapeur, appelées improprement par le vulgaire pompes à feu.
* Peu d'années se sont écoulées depuis que ce passage a été écrit, et déjà la galvanoplastie est devenue un art industriel important. (*Note des Éditeurs.*)
2 Les profits de l'entrepreneur lui-même font partie des frais de production, puisque son temps et son travail ont un prix, et font partie des avances qu'il est obligé de faire, et qui, par conséquent, doivent être remboursées par la valeur des produits qui seront le fruit de cet ensemble de travaux.   (*Note de l'Auteur.*)

Jean-Baptiste Say

agricole ?

Un fermier qui laboure le terrain d'autrui, le propriétaire qui fait valoir son propre terrain, sont des entrepreneurs d'industrie agricole. Dans les branches analogues à l'agriculture, celui qui exploite des mines, des carrières, pour en tirer des minéraux, ou qui exploite la mer et les rivières pour en tirer du sel, des poissons, du corail, des éponges, etc., est un entrepreneur d'industrie, pourvu qu'il travaille pour son propre compte. S'il travaille pour un salaire, ou à façon, c'est alors celui qui le paie qui est entrepreneur.

Désignez-moi quelques classes d'entrepreneurs dans l'industrie manufacturière ?

Tous ceux qui, pour leur propre compte, font subir à un produit déjà existant une façon nouvelle au moyen de laquelle la valeur de ce produit est augmentée, sont entrepreneurs d'industrie manufacturière. Ainsi le manufacturier n'est pas seulement l'homme qui réunit un grand nombre d'ouvriers en ateliers; c'est encore le menuisier qui fait des portes et des fenêtres, et le charpentier qui vont exercer leur art hors de leur domicile, et qui transforment des matériaux en un édifice. Le peintre en bâtiments lui-même, qui revêt l'intérieur de ne maisons d'une couleur plus fraîche, exerce encore une industrie manufacturière.

Il n'est donc pas nécessaire, pour être entrepreneur, d'être propriétaire de la matière que l'on travaille ?

Non : le blanchisseur qui vous rend votre linge dans un autre état que celui où vous le lui avez confié, est entrepreneur d'industrie.

Le même homme peut-il être à la fois entrepreneur et ouvrier ?

Certainement. Le terrassier qui convient d'un prix pour creuser un fossé, un canal, est un entrepreneur ; s'il met lui-même la main à l'œuvre, il est ouvrier en même temps qu'entrepreneur.

Chapitre IV

Désignez-moi quelques classes d'entrepreneurs dans l'industrie commerciale ?

Tous ceux qui sans avoir fait subir une transformation à un produit, le revendent tel qu'ils l'ont, acheté, mais dans un lieu et dans un état qui rendent le produit plus accessible au consommateur, sont des entrepreneurs d'industrie commerciale, ou des commerçants. Ainsi ce n'est pas seulement le négociant qui fait venir des marchandises de l'Amérique et des Indes, qui fait le commerce, c'est encore le marchand qui achète des étoffes ou des quincailleries dans une manufacture, pour les revendre dans une boutique ; ou même celui qui les achète en gros dans une rue, pour les revendre en détail dans la rue voisine.

Quels sont, dans l'industrie commerciale, les salariés qui remplissent les fonctions d'ouvriers ?

Les matelots, les voituriers (quand ils ne sont pas entrepreneurs, mais agents salariés), les portefaix, les garçons de magasin et de boutique, et en général tous ceux qui reçoivent un salaire fixe pour leur travail.

Quelle différence met-on entre l'industrie et le travail ?

On appelle travail toute action soutenue dans laquelle on se propose un but utile .et lucratif. L'industrie est un ensemble de travaux dont quelques-uns sont purement intellectuels, et qui supposent quelquefois des combinaisons très-rélevées.

Résumez l'objet des opérations qui se rencontrent dans toutes les industries ?

1° Les recherches du savant ; 2° l'application des connaissances acquises aux besoins des hommes, en y comprenant le rassemblement des moyens d'exécution et la direction de l'exécution elle-même ; ce qui forme la tâche des entrepreneurs d'industrie ; 3° le travail des agents secondaires, tels que les ouvriers, qui vendent leur temps et leurs peines, sans être intéressés dans le résultat.

Chapitre IV

Chapitre V
Ce que c'est qu'un Capital, et comment on l'emploie.

Ne faut-il pas à un entrepreneur d'industrie quelque chose de plus que ses talents et son travail pour entreprendre la production ?

Oui ; il faut encore du capital.

Qu'est-ce qu'un capital ?

C'est une somme de valeurs acquises d'avance.

Pourquoi ne dites-vous pas une somme d'argent ?

Parce que ces valeurs peuvent consister dans beaucoup d'objets divers, aussi bien qu'en une somme d'argent.

A quoi sert le capital dans la production ?

Il sert à faire l'avance des frais que nécessite la production, depuis le moment où l'on commence les opérations productives, jusqu'à ce que la vente du produit rembourse à l'entrepreneur l'avance qu'il a faite de ces frais.

Qu'est-ce qu'une avance ?

C'est une valeur que l'on prête ou que l'on consomme [1] dans le dessein de la recouvrer. Si cette valeur n'est pas restituée ou reproduite, ce n'est pas une valeur avancée, c'est une valeur perdue, en tout ou en partie.

Donnez-moi un exemple ?

Lorsqu'un homme veut fabriquer du drap, il emploie une partie

[1] Les personnes qui veulent se former une idée juste de la consommation, la trouveront expliquée plus loin, chapitres XXIV et suiv.

Jean-Baptiste Say

de ses valeurs capitales à acheter de la laine ; une autre partie à acheter des machines propres à filer, à tisser, à fouler, à tondre son étoffe, une autre partie à payer des ouvriers, et le drap, lorsqu'il est achevé, lui rembourse toutes ses avances par la vente qu'il en fait [1].

Attend-il d'avoir achevé une grande quantité de produits pour se rembourser de ses avances ?

Cela n'est point nécessaire : du moment qu'il a terminé une pièce de drap et qu'il l'a vendue, il emploie la valeur qu'il a tirée de sa pièce de drap à une autre avance, comme, par exemple, à acheter de la laine ou bien à payer des salaires d'ouvriers ; de cette manière la totalité de son capital est constamment employée ; et ce qu'on nomme le *capital de l'entreprise* se compose de la valeur totale des choses achetées au moyen du capital, et dont une partie sont de produits commencés et avancés à différents degrés.

N'y a-t-il pas cependant une partie de la valeur capitale d'une entreprise qui reste en écus ?

Pour ne laisser oisive aucune partie de son capital, un entrepreneur habile n'a jamais en caisse que la somme nécessaire pour faire face aux dépenses courantes et aux besoins imprévus. Lorsque des rentrées promptes lui procurent plus d'argent qu'il ne lui en faut <u>pour ces deux ob</u>jets, il a soin d'employer le surplus à donner plus

1 On voit que c'est la manière dont on emploie, dont on use une valeur, et non la nature de sa substance, qui en fait un capital. Si l'on consomme une valeur de manière à ne reproduire aucune autre valeur, cette valeur, cessant de se perpétuer, n'est plus un capital ; elle n'existe plus. Mais lorsqu'on la consomme de manière à la reproduire sous une autre forme, pour la consommer de nouveau et la reproduire encore, cette valeur, quoique servant continuellement, se perpétue et forme un fonds permanent qui est ce qu'on appelle un capital.

De l'huile brûlée pour éclairer un bal est une dépense perdue ; de l'huile brûlée pour éclairer des ateliers est une valeur qui se reproduit à mesure qu'elle se détruit, et qui passe dans les produits que l'on fabrique dans ces ateliers.

Ce n'est donc point telle matière, ou telle autre, dont se composent les capitaux d'un pays : ils se composent de toutes les matières employées dans un usage reproductif, et non dans les autres. De la monnaie d'argent amassée pour faire des avances à la production, fait partie d'un capital ; de la monnaie reçue comme un profit, et dépensée pour l'usage de la famille, ne fait point parue d'un capital. (*Note de l'Auteur.*)

d'extension à son industrie.

Comment donne-t-on plus d'extension à une entreprise industrielle ?

En augmentant les constructions qui servent à son exploitation, en achetant une plus forte quantité de matières premières, en salariant un plus grand nombre d'ouvriers et autres agents.

Ne divise-t-on pas les capitaux employés en plusieurs natures de capitaux ?

On divise le capital d'une entreprise en capital engagé et en capital circulant.

Qu'est-ce que le capital engagé ?

Ce sont les valeurs qui résident dans les bâtiments, les machines, employés pour l'exploitation de l'entreprise aussi longtemps qu'elle dure, et qui ne sauraient en être distraits pour être employés dans une autre entreprise, si ce n'est avec perte.

Qu'est-ce que le capital circulant ?

Ce sont les valeurs qui se réalisent en argent, et s'emploient de nouveau plusieurs fois durant le cours d'une même entreprise. Telles sont les valeurs qui servent à faire l'avance des matières premières et des salaires d'ouvriers. Chaque fois que l'on vend un produit, cette vente rembourse sans perte à l'entrepreneur la valeur de la matière première employée, et des divers travaux payés pour la confection du produit [1].

---

1 Il y a eu de grandes confusions d'idées relativement à la consommation du capital circulant. On a cru que le salaire de l'ouvrier était consommé *reproductivement* par l'entrepreneur qui en fait l'avance, et *improductivement* par l'ouvrier et sa famille, qui emploient leurs profits à la satisfaction de leurs besoins. Mais une même valeur consommée deux fois est une absurdité.
Si l'on veut se représenter sous une imagé sensible ce mécanisme assez compliqué, il faut supposer que l'ouvrier, au lieu de vendre sa journée de travail à un entrepreneur, vient lui vendre une corbeille, fruit de son travail d'un jour. L'entrepreneur, après avoir employé

A quelle époque un entrepreneur réalise-t-il son capital engagé ?

Lorsqu'il vend le fonds de son entreprise.

L'usure et la dégradation de valeur qu'éprouvent les machines et les constructions ne diminuent-elles pas constamment le capital engagé ?

Elles le diminuent en effet ; mais, dans une entreprise bien conduite, une partie de la valeur des produits est employée à l'entretien de cette portion du capital, sinon pour lui conserver sa valeur tout entière, du moins pour le mettre en état de continuer toujours le même service ; et comme, malgré les précautions les plus soutenues, le capital engagé ne conserve pas toujours la même valeur, on a soin, chaque fois qu'on fait l'inventaire de l'entreprise, d'évaluer cette partie du capital au-dessous de l'évaluation qu'on en avait faite dans une autre occasion précédente.

Eclaircissez cela par un exemple ?

---

une partie de son capital à l'achat de cette corbeille, la consomme dans son exploitation. L'ouvrier en emporte le prix dans son ménage, et l'y consomme de son côté. On voit qu'il y a là-dedans échange de deux objets, et consommation des deux objets, après l'échange effectué. L'une de ces consommations a été opérée reproductivement chez l'entrepreneur, et cette consommation a contribué à la création d'un nouveau produit dont la valeur réintègre son capital. L'autre a été opérée improductivement chez l'ouvrier, où elle a servi à satisfaire aux besoins de sa famille.

Maintenant, qu'on substitue à une corbeille vendue, une journée d'ouvrier vendue à un entrepreneur, le résultat est le même. Dans les deux cas, l'entrepreneur consomme la journée de travail de l'ouvrier.

En général, dans toute entreprise industrielle, le capital tout entier est employé à acheter des *services productifs* rendus par des hommes ou par des choses. Voilà les avances. Ces services productifs sont consommés reproductivement dans l'entreprise ; et les produits qui résultent de cette dernière consommation rétablissent le capital.

Je mets au rang des services que le capital achète, les travaux personnels de l'entrepreneur, aussi bien que le service que rend le capital lui-même, service qui se paie sous le nom d'intérêts.

D'un autre côté, les valeurs données par l'entrepreneur, en paiement des services productifs achetés par lui, sont consommées improductivement par les personnes qui ont fourni ces services et pour la satisfaction de leurs besoins. Il y a là-dedans une double consommation : une qui a servi à produire de quoi rétablir le capital avancé, et l'autre qui a servi à faire subsister la société. (*Note de l'Auteur.*)

Chapitre V

Si l'on a évalué, l'année dernière, les métiers et les autres machines d'une manufacture de drap à 50,000 francs, on ne les évalue, cette année-ci, qu'à 45,000 francs, malgré les frais qu'on a faits pour les entretenir ; frais que l'on met au rang des dépenses courantes, c'est-à-dire des avances journalières que la vente des produits doit rembourser.

Vous m'avez donné l'idée de l'emploi d'un capital dans une entreprise manufacturière ; je voudrais me faire une idée de l'emploi d'un capital dans une entreprise agricole ?

La maison du fermier, les granges, les étables, les clôtures, et en général toutes les améliorations qui sont ajoutées au terrain, sont un capital engagé qui appartient ordinairement au propriétaire de la terre : les meubles, les instruments de culture, les animaux de service, sont un capital engagé, qui appartient ordinairement au fermier. Les valeurs qui servent à faire l'avance des semences, des salaires, de la nourriture des gens et des animaux de service, les valeurs qui servent à payer les réparations d'outils et de charrettes, l'entretien des attelages, et en général toutes les dépenses courantes, sont prises sur le capital circulant, et sont remboursées à mesure qu'on vend le produits journaliers de la ferme.

Une même entreprise peut donc être exploitée avec différentes portions de capitaux qui appartiennent à diverses personnes ?

Sans doute l'entrepreneur paie, sous une forme ou sous une autre, la jouissance d'une portion de capital qui ne lui appartient pas. Dans l'exemple ci-dessus, une ferme bien bâtie, et améliorée par des fossés de desséchement ou d'arrosement, et par de bonnes clôtures, se loue plus cher qu'un terrain nu ; d'où il suit qu'une partie du loyer est le prix du service rendu par le sol, et qu'une autre partie est le prix du service rendu par le capital répandu en améliorations sur la terre.

Je voudrais me faire une idée de l'emploi d'une valeur capitale dans une entreprise de commerce.

Un négociant français emploie une partie de son capital en soieries, et les envoie en Amérique : c'est une avance, une valeur qui momentanément a disparu de la France, pour renaître, de même que le blé qui a servi de semence. Ce négociant donne en même temps à son correspondant d'Amérique l'ordre de vendre ces marchandises, et de lui en faire les retours (c'est-à-dire de lui en renvoyer la valeur) en d'autres marchandises, telles que du sucre, du café, des peaux d'animaux, peu importe. Voilà le capital qui reparaît sous une nouvelle forme. Il faut considérer les marchandises envoyées comme des matières premières consommées pour la formation d'un nouveau produit. Le nouveau produit consiste dans les marchandises qui composent les retours.

Le capital au moyen duquel on conduit une semblable entreprise, peut-il encore appartenir à différentes personnes ?

Sans contredit : en premier lieu, le négociant qui fait un envoi en Amérique peut travailler avec un capital qu'il a emprunté à un capitaliste ; il peut aussi avoir acheté les soieries à crédit : c'est alors le fabricant de soieries qui prête au négociant la valeur de la marchandise que ce dernier a fait partir.

Vous avez employé l'expression de matière première ; donnez-moi une idée exacte de ce qu'elle signifie?

La matière première est la matière à laquelle l'industrie donne une valeur qu'elle n'avait pas, ou dont elle augmente la valeur quand elle en avait une. Dans ce dernier cas, la matière première d'une industrie est déjà le produit d'une industrie précédente.

Donnez-m'en un exemple ?

Le coton est une matière première pour le fileur de coton, bien qu'il soit déjà le produit de deux entreprises successives qui sont celle du planteur de coton, et celle du négociant en marchandises étrangères, par les soins de qui cette marchandise a été apporté en Europe. Le fil de coton est a son tour une matière première pour le fabricant d'étoffes ; et une pièce de toile de coton est une matière première pour l'imprimeur en toiles peintes La toile peinte elle-même est la matière première du commerce de marchand d'indiennes ; et l'indienne n'est qu'une matière première pour la couturière qui en fait des robes, et pour le tapissier qui en fait des meubles.

Comment un entrepreneur d'industrie sait-il si la valeur de son capital est augmentée ou diminuée ?

Par un inventaire, c'est-à-dire par un état détaillé de tout ce qu'il possède, où chaque chose est évaluée suivant son prix courant.

Qu'est-ce qu'on appelle le capital d'une nation ?

Le capital d'une nation, ou le capital national est la somme de tous les capitaux employés dans les entreprises industrielles de cette nation. Il faudrait, pour connaître à combien se monte le capital d'une nation, demander à tous les propriétaires fonciers la valeur de toutes les améliorations ajoutées à leur fonds ; à tous les cultivateurs, manufacturiers et commerçants, la valeur des capitaux qu'ils emploient dans leurs entreprises, et additionner toutes ces valeurs.

Le numéraire d'un pays fait-il partie de ses capitaux ?

La portion du numéraire que chacun possède, qui vient d'un capital réalisé, et que l'on destine à une nouvelle avance, fait partie des capitaux d'une nation. La portion qui vient d'un profit réalisé, et dont on achète ce qui est nécessaire à l'entretien des individus ou des familles, ne fait -partie d'aucun capital ; et c'est probablement la plus considérable.

Chapitre VI
Des instruments naturels de l'industrie.

Qu'est-ce que les instruments naturels de l'industrie ?

Ce sont les instruments que la nature a fournis gratuitement à l'homme, et dont il se sert pour créer des produits utiles. On les appelle des *instruments naturels,* par opposition avec les capitaux qui sont des *instruments artificiels,* c'est-à-dire des produits créés par l'industrie de l'homme, et qui ne lui sont pas donnés gratuitement.

Désignez quelques instruments naturels ?

Le premier et le plus important de tous est la terre cultivable. Elle a été donnée gratuitement à tous les hommes ; mais comme elle ne saurait être cultivée sans que quelqu'un fasse les avances de travail et d'argent nécessaires pour sa culture, on a senti, chez tous les peuples civilisés, la nécessité de reconnaître comme propriétaires exclusifs des fonds de terre ceux qui se trouvent actuellement en avoir la possession non contestée.

N'y a-t-il pas d'autres instruments non créés par l'homme, mais devenus la propriété exclusive de certaines personnes, et qui, entre les mains de l'industrie, fournissent des produits ?

On peut ranger dans cette classe les cours d'eau qui sont devenus des propriétés, et qui font marcher des usines. On peut y comprendre encore les carrières, les mines, d'où l'on tire des marbres, des métaux, et surtout du charbon de terre. Ce sont des espèces de magasins où la nature a préparé et mis en dépôt des richesses que l'industrie et les capitaux de leurs propriétaires achevèrent en les mettant à la portée des consommateurs [1].

---

1 A l'aide des fonds de terre, des mines, l'industrie met à la portée des consommateurs des produits qui valent plus que les travaux industriels et l'intérêt des capitaux qui ont concouru à les produire. C'est cet excédant qui forme le profit du propriétaire. Voyez, ci-après, les controverses auxquelles cet excédant a donné lieu en Angleterre. (*Note de*

N'y a-t-il pas des instruments naturels qui ne sont pas devenus des propriétés, et qui sont demeurés à l'usage de tout le monde ?

Oui : si l'on veut faire du sel, la nature fournit gratuitement l'eau de la mer et la chaleur du soleil qui en opère l'évaporation ; si l'on veut transporter des produits commerciaux, la nature fournit encore la mer ou les rivières comme autant de routes liquides ; elle fournit la force des vents pour pousser les navires. Si l'industrie manufacturière veut construire des horloges ou de montres, la nature fournit de même la gravitation qui fait descendre les poids, ou l'élasticité des ressorts qui fait marcher les rouages [1].

Les instruments naturels qui sont des propriétés, ne se trouvent-ils pas confondus quelquefois avec des valeurs capitales ?

Oui : sur un fonds de terre qui est un instrument fourni par la nature, il se trouve le plus souvent des bâtiments, des bonifications qui sont des produits de l'industrie, et par conséquent des instruments artificiels et acquis moyennant des avances et du travail. Dans les mines, il y a des puits, des galeries, des machines pour épuiser les eaux, pour monter les produits ; toutes ces bonifications sont des capitaux ajoutés à l'instrument naturel.

Quelle différence caractéristique trouve-t-on entre les fonds de terre et les capitaux ?

Les fonds de terre ne sont pas susceptibles de s'augmenter indéfiniment comme les capitaux ; mais ceux-ci,, qui se composent de valeurs créées, peuvent se dissiper et se détruire par la consommation, tandis que les fonds de terre ne peuvent être consommés. Un bien-fonds, quelque négligé qu'il soit, conservera toujours le même

l'Auteur.)

1 A parler rigoureusement, les poids et les ressorts n'ont pas une force qui leur soit propre ; ils ont seulement une propriété qui permet de répandre sur les rouages, par petites portions, l'action, fournie tout à la fois par celui qui a monté les horloges. C'est là la propriété dont il est question ici, et qui fait partie des dons gratuits faits à l'homme par le créateur.

Jean-Baptiste Say

nombre d'arpents, mais il peut perdre successivement toutes les valeurs capitales qu'on y avait amassées [1]. Du reste les fonds de terre ne sont autre chose que des instruments qui servent à l'industrie d'une manière parfaitement analogue à la manière dont les capitaux lui servent.

---

1 C'est ce qui est arrivé dans les environs de Rome moderne, où il y avait autrefois de grandes améliorations et beaucoup de constructions qui ont complètement disparu par l'effet des substitutions et d'un mauvais gouvernement. Ces terres, aujourd'hui, se louent comme pâturages, et ne rapportent à leurs propriétaires que le produit du sol, sans rien qui représente l'intérêt d'aucun capital. (*Note de l'Auteur.*)

Chapitre VI

Chapitre VII
Des services productifs.

Qu'est que des services productifs ?

Vous avez dû comprendre que l'industrie, les capitaux et les instruments naturels (tels que les fonds de terre), concourent au même but, qui est de donner tantôt à une chose, tantôt à une autre une valeur au moyen de laquelle cette chose devient un produit. Cela ne peut s'opérer que par une certaine action, un certain travail exécuté par des hommes ; par des capitaux, par des fonds de terre. C'est ce travail que l'on appelle un service productif.

Je conçois fort bien le travail de l'homme, mais j'ai peine à concevoir celui des capitaux et des fonds de terre ?

Un capital ne peut-il pas rester oisif ? Une terre ne peut-elle pas demeurer en friche ? Ne peuvent-ils pas, dans une autre supposition, être occupés de manière à seconder l'industrie dans la création des produits ?

J'en conviens.

C'est cette action des fonds productifs qui constitue les services qu'ils rendent. Il y a dans la production :

Des services rendus par les hommes ; on les nomme services industriels ;

Des services rendus par les capitaux ; on les nomme services capitaux ;

Et enfin des services rendus par les fonds de terre ; on les nomme services fonciers.

Comment nomme-t-on les hommes qui fournissent à la production ces divers services ?

Ceux qui fournissent les services industriels se nomment des hommes industrieux, ou plus brièvement des industrieux [1];

Ceux qui fournissent des capitaux se nomment des capitalistes ;

Ceux qui fournissent des terres se nomment des propriétaires fonciers.

Tous sont des producteurs.

Des producteurs ! Les capitalistes et les propriétaires me paraissent ne rien produire ?

Non pas directement ; mais ils produisent indirectement par le moyen de leur instrument. Sans eux on manquerait de certains services in dispensables pour la production.

La même personne fournit-elle à la fois diverses espèces de services productifs ?

Ce cas arrive très-souvent. Un propriétaire qui fait valoir son propre terrain fournit, comme propriétaire, le service foncier ; en faisant l'avance des frais de son entreprise, il fournit le service capital ; et comme entrepreneur il fournit le service industriel.

Lorsque ces différents services sont fournis par différentes personnes, par qui sont-ils réunis pour concourir à une même production ?

Par l'entrepreneur qui se charge de cette production.

Rendez cela sensible par un exemple ?

---

1 Malgré les justes efforts de l'auteur, l'usage a prévalu de dire : des industriels. (*Note des Éditeurs.*)

Un fermier loue une terre : louer une terre, c'est acheter les services que ce fonds peut rendre pendant la durée du bail. Il emprunte un capital moyennant intérêt : c'est acheter les services que peut rendre ce capital pendant la durée du prêt. Il prend des valets et des ouvriers : c'est acheter le service que ces travailleurs peuvent rendre chaque jour, chaque semaine.

Après avoir acquis ces services, il les consomme reproductivement.

Comment des services peuvent-ils être consommés ?

Des services ont été consommés, lorsque l'emploi qu'on en a fait après les avoir achetés n'a pas permis qu'ils fussent appliqués à autre chose. On les dit consommés, parce que les mêmes services ne peuvent être employés de nouveau.

Cependant une terre qui a servi, peut servir de nouveau ; un ouvrier qui a travaillé, peut travailler encore ?

D'accord : une terre qui a rendu un service cette année pourra rendre un service l'année prochaine ; mais celui qu'elle a rendu cette année est un service consommé, usé, qui a fourni ses produits, et dont on ne peut tirer de nouveau aucun parti. De même le service rendu par un ouvrier aujourd'hui, soit qu'il ait produit ou non l'effet qu'on en attendait, est un service consommé et dont il est désormais impossible d'obtenir aucun produit ; celui qu'il rendra demain sera un autre service qui donnera lieu à une autre consommation [1]

---

1 Il convient de remarquer que, dans l'œuvre de la production, il n'y a de réellement consommé que des *services productifs*, soit de l'industrie, soit des terres, soit des capitaux ; et qu'il n'y a de consommé aucune partie des fonds d'où ces services émanent. Cela est évident des fonds qui fournissent les services de l'industrie et du fonds de terre : un ouvrier vaut, après avoir vendu sa journée, ce qu'il valait auparavant *. De même, un fonds de terre, en lui-même, et abstraction faite du capital qui s'y trouve placé en bonifications, vaut autant à la fin d'une location qu'au commencement. Cela n'est pas aussi clair d'un capital et demande une explication. Un capital se compose de valeurs consommables et qui même se consomment nécessairement dans le cours de la production ; pourquoi, dès lors, ne parler que de la consommation des *services* du capital, et non de celle du capital lui-même, puisqu'il est également consommé ? Cette difficulté a embarrassé beaucoup d'économistes, et rend interminables les

Qu'entendez-vous par consommer des services reproductivement ?

On consomme reproductivement le service d'un ouvrier, d'un verrier, par exemple, lorsqu'on dirige son travail de manière que la consommation de la valeur de sa journée reproduise dans le verre qu'il a soufflé une autre valeur qui rembourse avec profit, à l'entrepreneur, l'avance qu'il a faite du prix de la journée. On consomme au contraire improductivement les services que nous rend un barbier ; parce qu'une fois que la barbe est faite, il ne reste rien de son travail en quoi il se trouve la moindre valeur.

En doit-on conclure que le travail du barbier a été improductif ?

Non ; mais les services rendus par lui et l'espèce d'utilité qui en est résultée, ont été, à mesure que son travail a été exécuté, consommés par son maître qui s'en est servi pour sa satisfaction personnelle ; tandis que les services de l'ouvrier et l'utilité qui en est résultée ont été employés à donner une valeur à un produit. C'est pour cela qu'il ne reste rien de la première de ces utilités produites, et que de la seconde il reste une valeur est une portion de richesses.

---

discussions théoriques sur ces matières. On ne peut la résoudre que par l'analyse rigoureuse qui résulte de la doctrine des services productifs.

Un capital consiste essentiellement, non dans la nature physique des matières dont il se compose, mais dans leur valeur. Chaque produit consacré à la production a beau être consommé sous le rapport des qualités qui lui sont propres, l'action productive, faisant passer sa valeur dans le nouveau produit qui en résulte, cette valeur, qui constitue essentiellement le capital, se perpétue, et le capital avec elle. Virtuellement, le capital n'est donc pas consommé ; mais son service l'est nécessairement. Représentons-nous un capital sous une image sensible, sous celle d'une machine à vapeur de 30,000 francs : soit qu'on la fasse aller, soit qu'on la laisse en repos, il faut perdre le service de ces 30,000 francs, qu'on peut évaluer d'après l'intérêt qu'ils coûtent. Si l'on fait travailler la machine, une portion des produits remboursera ce service ; mais la machine elle-même, en la supposant entretenue, n'est point consommée, puisqu'elle conserve sa valeur.

Si les hommes, les terres et les capitaux sortent entiers de l'oeuvre productive, on peut donc dire qu'elle ne consomme pas les fonds, mais seulement les services qui en émanent.

* Je parle de l'ouvrier sous le rapport du service qu'en peut tirer un entrepreneur, et son talent compris. Il n'est pas besoin d'avertir que la valeur personnelle d'un homme est la propriété de cet homme, excepté toutefois dans le cas absurde de l'esclavage, où un homme ne s'appartient pas. (*Note de l'Auteur.*)

42

Qu'est-ce que les frais de production ?

C'est la valeur des services productifs qu'il a fallu consommer pour créer un produit [1]. L'achat qu'un entrepreneur en fait n'est de sa part qu'une avance qui est remboursée par la valeur du produit qui en résulte.

Ainsi, quand un fabricant de porcelaine entreprend un beau vase pour lequel il dépense en location d'ateliers, en intérêts de sommes empruntées, en salaires d'artistes et d'ouvriers, pour ce qui regarde ce vase seulement, une somme de 600 francs, s'il a su, au moyen de toutes ces dépenses, exécuter un meuble qui vaille 600 francs, il est remboursé de toutes ses avances par la vente du vase.

Si le vase ne vaut pas plus que les services productifs qui ont été consommés pour le créer, il semble que la valeur qui a été créée est d'avance annulée par celle qui a été consommée, et que la société n'en est pas plus riche par l'effet de cette production ?

La société n'en est pas plus riche, si la valeur consommée a égalé la valeur produite ; mais elle n'en est pas plus pauvre, quoique les producteurs aient vécu par cette consommation. Une valeur, pour avoir été consommée en même temps que produite, n'en a pas moins été produite ; et c'est sur des valeurs incessamment produites et consommées que subsiste la société.

Il me reste un doute : la valeur gagnée par les producteurs était auparavant dans la bourse de celui qui a fait l'acquisition du vase. Elle n'y est plus. Il semble dès lors que les producteurs ont consommé, non la valeur qu'ils ont créée, mais une valeur anciennement existante ?

Cela n'est pas ainsi. La valeur 600 francs, qui était dans la bourse de l'acquéreur, est maintenant, sous la forme d'un vase, dans son salon qu'elle décore ; car remarquez bien que nous partons de

1 On verra plus tard (chapitres XX, XXI et XXII) sur quelles bases s'établit la valeur ou le prix courant des services productifs. (*Notes de l'Auteur.*)

Jean-Baptiste Say

la supposition que le vase vaut, en valeur courante, autant que la somme qu'on a donnée pour l'acheter ; autrement, la production aurait été imparfaite, illusoire en partie.

Si le vase ne vaut qu'autant que les services qu'il a coûté, où sera le profit de l'entrepreneur ?

L'entrepreneur, en rassemblant divers services productifs et en dirigeant leur emploi dans le but de créer un vase, a exécuté lui-même un travail qui a une valeur. Il a fait l'avance de cette valeur en même temps qu'il a fait l'avance de tous les autres services productifs, et elle fait partie des frais de production du vase. Ainsi, quand je dis que ces frais se sont élevés à 600 francs, j'entends que les frais de local, de matière première, de main-d'oeuvre, etc., se sont élevés, par exemple, à 550 francs, et la coopération de l'entrepreneur à 50 francs. Dès lors ces 50 francs qui sont le prix de ses soins, et qu'on nomme ordinairement son bénéfice, font partie des frais de production.

Que concluez-vous de ces principes ?

Que la production est une espèce d'échange dans lequel on donne les services productifs, ou leur valeur quand on les achète, pour obtenir en retour les produits, c'est-à-dire ce qui sert à satisfaire nos besoins et nos goûts [1].

---

1 Le traducteur anglais de mon *Traité d'économie politique*, ou ces mêmes principes sont exposés avec des preuves et des exemples que n'admet point cet ouvrage-ci, m'a reproché de n'avoir pas fait entrer les services productifs (difficulties of attainment) comme éléments dans la valeur des produits, tandis qu'un des fondements de mon ouvrage est ce principe, que la production est un grand échange où un entrepreneur d'industrie donne des service productifs (ou leur prix, quand il est obligé de les acheter) pour obtenir en retour des produits. D'où il suit que l'entrepreneur ne peut pas, sans y perdre, vendre ses produits à un prix inférieur à ce que les services productifs lui ont coûté. Mais quel motif détermine le consommateur à mettre au produit un prix tel que les services productifs soient remboursés ? L'utilité, et l'utilité seule ; car il est bien évident que si un ouvrier se donne beaucoup de peine pour faire une chose qui n'est bonne à rien, personne ne voudra payer un prix quelconque pour cette chose.
Quiconque livre ses ouvrages à l'impression doit s'attendre aux jugements hasardés qu'on en voudra porter, et s'en inquiéter peu, s'il a raison   (*Note de l'Auteur.*)

Chapitre VII

Je comprends que nous acquérons les produits qui satisfont à nos consommations par le moyen de nos services productifs ; mais d'où tirons-nous nos services productifs ?

De nos fonds productifs.

Quels sont-ils ?

Nos fonds productifs sont ou nos facultés industrielles, d'où les services industriels proviennent, ou nos capitaux d'où proviennent les avances que l'on fait à la production, ou bien enfin les instruments naturels qui sont devenus des propriétés (notamment les fonds de terre) d'où proviennent les services fonciers. Je vous ai déjà fait connaître la nature et l'action de ces divers fonds productifs.

A qui devons-nous ces fonds qui sons les sources de nos richesses ?

Les uns sont dus à la nature qui nous les a donnés gratuitement : telles sont les terres cultivables, la force du corps, celle de l'intelligence [1] ; les autres, tels que les capitaux, sont des produits de l'industrie aidée de ses instruments.

---

1 La force corporelle et l'intelligence sont des dons gratuits que la nature accorde spécialement à l'individu qui en jouit. Les fonds de terre sont des dons gratuits faits en général à l'espèce humaine qui, pour son intérêt, a reconnu que certains hommes en particulier devaient en avoir la propriété exclusive. Voyez plus loin le chapitre XVII, *de la propriété*. (*Note de l'Auteur.*)

Jean-Baptiste Say

Chapitre VIII
De la formation des capitaux

Comment se forment les capitaux ?

Par des épargnes.

Qu'est-ce qu'une épargne ?

Nous épargnons quand nous ne consommons pas pour nos besoins ou pour nos plaisirs une valeur nouvelle, résultat des profits que nous avons faits. L'épargne est la valeur qui a été ainsi épargnée. C'est par des épargnes successives que l'on forme et que l'on grossit ses capitaux.

Comment l'épargne peut-elle grossir un capital ?

Parce qu'un profit est une valeur nouvelle, indépendante de nos fonds de terre et de nos fonds capitaux antérieurement existants. Or, quand cette valeur nouvelle est employée en forme d'avance, c'est-à-dire perpétuellement remboursée, elle compose un fonds permanent qui dure aussi longtemps qu'on ne le dissipe pas, et qu'on l'emploie à des usages reproductifs ; ce qui constitue une nouvelle portion de capital.

Eclaircissez cette idée par un exemple.

Un bijoutier qui fait pour 6000 francs de profits dans une année, s'il se contente de 5000 francs pour la dépense de lui et des siens, augmentera son capital de 1000 francs.

Comment peut-il employer cette épargne à des avances productives ?

Il achète une plus grande quantité des matières qu'il façonne, il salarie un plus grand nombre d'ouvriers, etc. Dès lors il travaille avec un plus gros capital ; et l'augmentation de ses profits est le prix du service rendu par le nouveau capital qu'il met en œuvre.

Comment un capitaliste peut-il employer ses épargnes ?

Un capitaliste qui prête ses capitaux, s'il en retire 10,000 francs de profits ou d'intérêts au bout de l'an, et s'il n'en dépense que 9000 augmente son capital de 1000 francs qu'il prête soit aux mêmes emprunteurs, soit à d'autres.

Que peut faire un propriétaire foncier de ses épargnes ?

Pour placer ses épargnes, il peut, soit améliorer ses fonds par de nouvelles constructions, soit prêter ses épargnes à un homme capable de les faire valoir et qui lui en paie un loyer, qu'on appelle un intérêt. Dès lors il devient capitaliste en même temps que propriétaire foncier.

S'il emploie ses épargnes à l'achat d'un nouveau morceau de terre, peut-on dire que les capitaux de la société sont augmentés ?

Oui ; car si celui qui a fait l'épargne et qui achète du terrain n'a plus ce capital pour faire des avances à l'industrie, le vendeur du terrain se trouve l'avoir.

Comment fait un salarié pour se former un capital ?

Il est obligé de prêter ses épargnes à un entrepreneur d'industrie, car il n'y a que les entrepreneurs qui puissent faire valoir un capital.

Un capital peut-il se détruire comme se former ?

Oui ; il suffit pour cela, au lieu de consacrer un capital à des avances qui seront remboursées par des produits, de l'employer à des consommations non productives.

Les sommes épargnées ne font-elles pas tort aux producteurs ?

Non, si elles sont employées productivement.

Je croirais qu'une dépense supprimée supprime la demande qu'on faisait d'un produit et les profits que les producteurs faisaient sur ce produit.

Une dépense productive, bien qu'elle ne soit qu'une avance, nécessite la demande d'un produit.

Montrez-moi cela par un exemple.

Si j'épargne sur mes profits 1000 francs, et que je les prête à un entrepreneur de maçonnerie, j'achète moins de ses produits qui servent à ma consommation, jusqu'à concurrence de 1000 francs ; mais le maître maçon achète pour 1000 francs de produits de plus qu'il n'aurait fait. Seulement ce sont des produits différents. Ce sont peut-être des pierres de taille, produits du carrier ; des outils de son métier, produits du taillandier ; ce sont des journées d'ouvriers, et ces ouvriers emploient leurs salaires en nourriture, en vêtements, qui sont égale ment des produits de différents producteurs. Cette épargne peut donc changer la nature des demandes, mais elle n'en diminue pas la somme.

N'a-t-elle pas des avantages réels ?

Oui ; elle permet à différents travailleurs de tirer parti de leurs facultés industrielles, de faire des profits qu'ils n'auraient pas faits et de les renouveler sans cesse, parce qu'un capital employé à des avances rentre autant de fois qu'il est avancé, et chaque fois il est de nouveau employé à acheter des services productifs [1].

Comment peut-on connaître si l'on a augmenté ou diminué son capital ?

Ceux qui n'ont point d'entreprise industrielle peuvent comparer

1 Voyez le chap. XXV et XXVI.

ce qu'ils ont reçu avec ce qu'ils ont dépensé. S'ils ont moins dépensé qu'ils n'ont reçu, leur capital est accru du montant de la différence.

Pour ceux qui ont une entreprise industrielle, il n'y a d'autre moyen qu'un inventaire fidèlement dressé des valeurs qu'ils possèdent cette année, comparé avec un pareil inventaire dressé les années précédentes.

Pourquoi un inventaire est-il nécessaire du moment qu'on a une entreprise industrielle ?

Parce que le capital d'un entrepreneur se compose de diverses marchandises faisant partie soit des approvisionnements, soit de ses produits, qu'il doit évaluer au cours du jour, s'il veut connaître son bien. La majeure partie de son capital a changé de forme dans l'espace d'une année ; les provisions, les marchandises, qu'il possédait, sont une valeur qui a été consommée reproductivement. Ce n'est donc qu'en comparant cette valeur avec celle qui en est résultée que l'on peut savoir si la valeur capitale s'est accrue ou diminuée [1].

---

1 Un célèbre économiste anglais David Ricardo, m'a fait observer, à ce sujet, que l'évaluation de l'année présente quoique plus élevée que celle de l'année dernière, n'est point une preuve que le capital ait été accru, car la monnaie qui a servi à faire les deux évaluations, peut avoir elle-même éprouvé un déclin dans sa valeur. L'observation est juste, et la proposition contenue dans le texte n'est vraie que dans l'hypothèse que la monnaie, ou la marchandise quelconque qui sert aux deux évaluations, n'a point varié dans l'intervalle. On risque peu de se tromper à cet égard, lorsqu'on répète les inventaires tous les ans, et qu'on fait les évaluations en monnaie d'argent, parce que les variations de valeur que peut subir celte marchandise, sont nécessairement fort lentes par des raisons que j'ai exposées ailleurs. (*Note de l'Auteur.*)

Chapitre IX
Des produits immatériels.

Qu'est-ce qu'un produit immatériel ?

On désigne par ce nom une utilité produite, qui n'est attachée à aucune matière, qui, cependant a une valeur, et dont on peut se servir.

Donnez-m'en des exemples.

Un chirurgien fait une opération qui sauve un malade, et sort après avoir reçu ses honoraires : voilà une utilité vendue, payée, et qui cependant n'a pas été un seul instant attachée à une substance matérielle, comme l'utilité qui est dans un habit, dans un chapeau.

Des musiciens se rassemblent dans une salle pour donner un concert. Il en résulte un délassement assez désirable pour qu'un auditoire nombreux se réunisse et paie en commun la jouissance qui résulte de cette représentation. Voilà une utilité produite, achetée et consommée, sans avoir été un seul instant attachée à une substance matérielle.

Voilà des produits immatériels.

Qu'observez-vous relativement aux produits immatériels ?

Qu'ils n'ont d'autre durée que le temps de leur production, et qu'ils doivent nécessairement être consommés au moment même qu'ils sont produits. Une personne qui n'aurait pas entendu un concert qui vient d'être terminé, n'a aucune espérance de pouvoir jouir de son exécution. Pour qu'elle se procure cette jouissance, il faut une production nouvelle ; il faut que le concert soit recommencé.

Les produits immatériels sont-ils des produits de l'industrie ?

Sans doute ; et l'on observe, dans l'industrie qui les produit, les mêmes opérations qui concourent à la création des produits matériels : plusieurs genres de connaissances leur servent de base ; il faut que des entrepreneurs appliquent ces connaissances aux besoins des consommateurs ; souvent plusieurs agents sont employés à l'exécution ; enfin, pour que l'entrepreneur qui a fait les frais de leur production ne soit pas en perte, il faut que la valeur du produit lui rembourse le montant des avances qu'il a faites.

Donnez-moi quelques exemples du besoin qu'on a, de l'usage qu'on fait de plusieurs produits immatériels.

Les militaires sont utiles à la communauté, en se tenant toujours préparés pour la défendre ; les juges sont utiles en administrant la justice ; les fonctionnaires publics, dans tous les grades, en prenant soin des affaires de la communauté, en veillant à la sûreté publique ; les ministres de la religion en exhortant aux bonnes actions et en consolant les affligés. L'utilité de ces diverses classes est payée au moyen des contributions publiques fournies par la communauté [1].

D'autres classes dont les services fournissent des secours ou des délassements, ne sont payées que par les seules personnes qui jugent à propos d'avoir recours à elles. Telle est la classe des médecins, qui n'est point payée par la communauté, mais par les personnes

---

1 On sent que la multitude des conséquences et des applications que l'on peut faire des principes de l'économie politique ne peuvent être remarquées ni même indiquées dans un ouvrage du genre de celui-ci, dont le but est seulement de répandre quelques notions justes relativement aux principes fondamentaux de cette science.

De ce que les services rendus par les administrateurs, les juges, les militaires de tous les grades sont des produits immatériels quand ces services sont réclamés par les besoins de la société, il ne s'ensuit pas qu'ils soient des produits quand ils ne servent de lien à la société. Un pays qui salarie un état-major trop nombreux ou trop bien galonné, consomme des frais de production qui n'ajoutent rien à l'utilité du produit. Il ressemble à une nation qui, pour se chauffer, consommerait dans ses cheminées des bûches faites au tour.

Ce serait bien pis si, au lieu de faire payer à la nation un service inutile, on lui faisait payer un tort véritable qu'on lui ferait regarder comme un service qu'on lui rend. (Note de l'Auteur.)

Jean-Baptiste Say

seulement qui ont recours à leurs conseils. Les avocats sont dans le même cas. Les comédiens, et en général les personnes qui travaillent pour le divertissement du public, produisent de même une satisfaction que les seules personnes qui veulent y prendre part sont tenues de payer, et qui n'existe plus du moment que l'exécution en est achevée.

Les fonds de terre ne produisent-ils pas une utilité qu peut appeler immatérielle ?

Oui ; tous les jardins d'agrément qui ne produisent aucun fruit, aucun bois qui aient une valeur jointe à leur matière, procurent du moins une jouissance à ceux qui en font usage. Cette jouissance a un prix, puisque l'on trouve des personnes qui consentent à l'acheter par un loyer ; mais le produit qui l'a procurée n'existe plus. La jouissance qu'on recueillera l'année prochaine, du même jardin, sera un nouveau produit de cette nouvelle année, et ne sera pas davantage susceptible de se conserver.

N'y a-t-il pas des capitaux qui donnent des produits immatériels ?

Oui ; ce sont ceux qui, par leur service, procurent des jouissances, mais ne font naître aucune valeur nouvelle.
Donnez-m'en des exemples.

Une maison habitée par son propriétaire est une valeur capitale, puisqu'elle est née d'accumulations, de valeurs épargnées et durables Cependant, elle ne rapporte point d'intérêts à son propriétaire ; il n'en tire pas non plus des matières qu'il puisse vendre ; mais elle produit pour lui une jouissance qui a une valeur, puisqu'il pourrait la vendre s'il consentait à louer sa maison. Cette jouissance ayant une valeur réelle, et n'étant pas jointe à un produit matériel, est un produit immatériel.

On en peut dire autant des meubles durables qui remplissent la maison, de la vaisselle et des ustensiles d'argent, etc., qui rapportent non un intérêt, mais une jouissance.

Pourquoi ne dites-vous cela que des objets durables ?

Parce que, quand la consommation détruit la valeur du fonds, cette valeur n'est plus une valeur capitale, que l'on retrouve après s'en être servi. Mon argenterie est un capital, parce qu'après m'en être servi un an, dix ans, j'en retrouverai la valeur principale ; je n'aurait consommé que l'utilité journalière dont elle pouvait être [1]; mais les chaussures que je porte ne sont pas un capital, car quand je les aurai usées, il ne restera plus en elles aucune valeur.

---

1 Une personne à qui on loue de l'argenterie n'acquiert pas la valeur des objets d'argent ; elle acquiert seulement, pour tout le temps qu'elle la tient à loyer, l'utilité journalière qui peut naître de l'argenterie.   (Note de l'Auteur.)

Jean-Baptiste Say

Chapitre X
En quoi consistent les progrès de l'industrie.

A quel signe peut-on connaître que l'industrie fait des progrès dans un pays ?

Lorsqu'on y remarque des produits nouveaux qui trouvent à se vendre, ou bien lorsqu'on voit diminuer le prix des produits connus. Dans l'un et l'autre cas, il y a de nouvelles jouissances acquises par le public, et de nouveaux profits gagnés.

Pourquoi aux mots : produits nouveaux, ajoutez-vous : qui trouvent à se vendre ?

Parce qu'un nouvel objet dont le prix n'atteint pas ses frais de production, ne peut donner lieu à une fabrication suivie : on perdrait à s'en occuper. Il n'en peut résulter ni jouissances nouvelles, ni profits nouveaux. Ce n'est pas un progrès.

Je conçois qu'un nouveau produit procure des jouissances et des profits nouveaux, mais je ne le comprends pas de même quand ce sont des produits déjà connus qui diminuent de prix.

Un produit, lorsqu'il baisse de prix, se met à la portée d'un certain nombre de consommateurs qui, auparavant, n'en pouvaient pas faire la dépense. Beaucoup de familles peuvent acheter un tapis de pied lorsqu'il ne coûte plus que 50 francs, et s'en passaient quand il fallait le payer 100 francs.

Si, en même temps, les étoffes dont se faisaient les robes de la mère et des filles ont baissé de 100 francs à 50, il n'y a toujours, dans cette famille, que 100 francs dépensés, et il s'y trouve une consommation plus considérable.

La seule possibilité d'acheter des jouissances nouvelles est équivalente à des profits nouveaux ; mais nous verrons tout à l'heure qu'aux avantages que les hommes trouvent comme consommateurs dans les progrès industriels, ils en trouvent d'autres comme producteurs.

Quelles sont les causes auxquelles il faut attribuer les progrès de l'industrie ?

Parmi ces causes, il s'en trouve qui agissent d'une manière générale, comme les progrès des connaissances humaines, les bonnes lois, la bonne administration du pays. D'autres agissent plus immédiatement : telles que la division du travail, un emploi mieux entendu des instruments dont se sert l'industrie, et particulièrement des agents naturels dont le secours est gratuit.

Qu'entendez-vous par la division du travail ?

C'est cet arrangement par lequel les travaux industriels sont répartis entre différents travailleurs, de manière que chaque personne s'occupe toujours de la même opération qu'elle recommence perpétuellement.

Donnez-m'en un exemple.

Dans la fabrication des épingles, c'est toujours le même ouvrier qui passe le laiton à la filière ; un autre ne fait que couper le fil de laiton par bouts d'une longueur pareille ; un troisième aiguise les pointes ; la tête seule de l'épingle exige deux ou trois opérations qui sont exécutées par autant de personnes différentes. Au moyen de cette séparation des emplois, on peut exécuter tous les jours 48,000 épingles dans une manufacture, où l'on n'en terminerait pas 200 s'il fallait que chaque ouvrier commençât et finit chaque épingle l'une après l'autre.

Ne remarque-t-on pas les effets de la division du travail autre part que dans les manufactures ?

On peut les observer partout dans la société où chacun se voue exclusivement à une profession différente, et la remplit mieux que si chacun voulait se mêler de tout.

Qu'en concluez-vous ?

Qu'il n'est pas avantageux de cumuler les occupations diverses ; qu'il convient au chapelier de commander ses habits au tailleur, et au tailleur de commander ses chapeaux au chapelier. Par la même raison, nous devons croire que l'industrie est plus perfectionnée quand le commerce en gros, le commerce en détail, le commerce avec l'intérieur, le commerce maritime, etc., sont l'objet d'autant de professions différentes.

Comment tire-t-on plus de parti des instruments de l'industrie ?

En les occupant plus constamment et en tirant plus de produits des mêmes instruments. C'est ainsi que l'agriculture est plus avancée là où, au lieu de laisser les terres en jachères, on leur procure du repos en changeant de culture. Un manufacturier actif qui exécute ses opérations plus rapidement qu'un autre, et qui commence et termine cinq fois ses produits dans le cours d'une année, au lieu de quatre, tire un plus grand service de son capital, puisque avec le même capital il fait cinq opérations au lieu d'une.

N'y a-t-il pas une autre manière de tirer plus de parti des instruments de l'industrie ?
Oui ; elle consiste à remplacer des instruments coûteux par d'autres qui nous sont offerts gratuitement par la nature : comme lorsqu'on fait moudre le grain par la force de l'eau ou du vent, au lieu de faire exécuter ce travail par des bras d'hommes. C'est l'avantage qu'on obtient ordinairement par le service des machines.

Le service des machines est-il avantageux aux producteurs et aux consommateurs ?

Il est avantageux aux entrepreneurs d'industrie aussi longtemps qu'il ne fait pas baisser le prix des produits. Du moment que la concurrence a fait baisser les prix au niveau des frais de production, le service des machines devient avantageux aux consommateurs.

N'est-il pas dans tous les cas funeste à la classe des ouvriers ?

Il ne lui est funeste qu'à l'époque où l'on commence à se servir d'une nouvelle machine ; car l'expérience nous apprend que les pays où l'on fait le plus d'usage des machines, sont ceux où l'on occupe le plus d'ouvriers.

Les arts même où l'on a remplacé par des machines les bras des hommes finissent par occuper plus d'hommes qu'auparavant.

Citez-m'en des exemples.

Malgré la presse d'imprimerie, qui multiplie les copies d'un même écrit avec une étonnante rapidité, il y a plus de personnes occupées par l'imprimerie à présent, qu'il n'y avait de copistes employés auparavant à transcrire des livres.

Le travail du coton occupe plus de monde maintenant qu'il n'en occupait avant l'invention des machines à filer.

Le service des machines ne tend-il pas au perfectionnement de la société en général ?

Tous les moyens expéditifs de produire ont cet effet à un point surprenant. C'est en partie parce qu'on a inventé la charrue qu'il a été permis aux hommes de perfectionner les beaux-arts et tous les genres de connaissances.

Dites par quelle raison.

Si pour obtenir la quantité de blé nécessaire pour nourrir un peuple, il avait fallu que ce peuple tout entier fût employé à labourer la terre avec la bêche, personne n'aurait pu se vouer aux autres arts ; mais du moment que quarante personnes ont suffi pour faire pousser la nourriture de cent, il est arrivé que soixante personnes ont pu se livrer à d'autres occupations. Elles ont échangé ensuite le fruit de leurs travaux contre le blé produit par les premières, et la société tout entière s'est trouvée mieux pourvue d'objets de nécessité ou d'agrément ; ses facultés intellectuelles et morales se sont perfectionnées en même temps que ses autres moyens de jouir.

Chapitre X

Chapitre XI
Des échanges et des débouchés.

Qu'est-ce qu'on entend par un échange ?

Un échange est le troc d'une chose qui appartient à une personne, contre une autre chose qui appartient à une autre personne.

Les ventes et les achats sont-ils des échanges ?

La vente est l'échange que l'on fait de sa marchandise contre une somme de monnaie ; l'achat est l'échange que l'on fait de sa monnaie contre de la marchandise.

Quel but se propose-t-on quand on échange sa marchandise contre une somme de monnaie ?

On se propose d'employer cette monnaie à l'achat d'une autre marchandise ; car la monnaie ne peut servir à aucune autre fin qu'à acheter.

Qu'en concluez-vous ?

Que les ventes et les achats ne sont, dans la réalité, que des échanges de produits. On échange le produit que l'on vend et dont on n'a pas besoin, contre le produit qu'on achète et dont on veut faire usage. La monnaie n'est pas le but, mais seulement l'intermédiaire des échanges. Elle entre passagèrement en notre possession quand nous vendons ; elle en sort quand nous achetons, et va servir à d'autres personnes de la même manière qu'elle nous a servi.

Les échanges sont-ils productifs de richesses ?

Non, pas directement ; car rien ne produit de la richesse, que ce qui ajoute à la valeur des choses en ajoutant à leur utilité [1]. Or,

---

1 Il convient de donner beaucoup d'attention à ce principe, que rien n'augmente les richesses que ce qui ajoute à la valeur des choses, en ajoutant à leur utilité. Quand le gouvernement, après s'être réservé la vente du tabac, vous vend trois francs une livre de cette marchandise, qui ne lui revient qu'à un franc, il ne triple pas la richesse que le pays possède en tabacs. Il crée une richesse égale à vingt sous : c'est le prix de l'utilité donnée à ce produit par les producteurs ; et en même temps il fait payer à chacun de ceux qui veulent consommer une livre de tabac, un droit de quarante sous, pour lequel il ne donne rien. Ces quarante sous sont une contribution, un impôt qui passe de la poche du contribuable dans les mains du receveur : ils sont une richesse précédemment créée, non par les producteurs de tabacs, mais par le contribuable, et que celui-ci sacrifie gratuitement aux besoins de l'État.

De même, lorsqu'une gelée tardive endommage la vigne, et fait monter à cent cinquante francs les tonneaux de vin déjà existants, et dont les frais de production et le prix ne s'élevaient qu'à 100 francs, il ne faut pas croire que la richesse du pays soit augmentée. Les cinquante francs que gagnent, dans ce cas, par tonneau, les propriétaires de vins anciens, sont perdus par les consommateurs de cette denrée. L'effet est le même que si les propriétaires avaient vendu leurs tonneaux 100 francs chacun, et s'étaient fait payer, en outre, 60 francs par les acquéreurs, comme une espèce d'indemnité des pertes qu'ils ont à supporter dans les mauvaises années.

Il n'y a de richesse produite que la valeur des services productifs qui ont servi à créer un produit ; car la valeur d'un produit qui excéderait celle des services productifs, serait une richesse naturelle pour laquelle on n'aurait rien donné ; la faire payer, dans ce cas, serait recevoir un tribut gratuit. Tel est le nom mérité de tout excès de valeur fondé sur un besoin extraordinaire, sur un monopole, sur l'ignorance où l'acheteur est du prix courant, etc.

Si, par impossible, le gardien d'un prisonnier renfermé dans un cachot lui vendait à prix d'argent la lumière du soleil, certes, le prisonnier achèterait une chose pour lui d'un grand prix, mais la valeur de cette précieuse lumière ne serait pas une richesse de plus dans le monde. Ce serait un bien naturel et gratuit, étranger aux richesses sociales, que le geôlier vendrait contre une portion quelconque de richesses sociales, de richesses produites, dont il dépouillerait le prisonnier.

M. David Ricardo, en Angleterre *, me reproche de ne pas tenir compte de ce qu'il appelle, d'après Adam Smith, *value in use* (*valeur d'utilité*, ou plutôt utilité *sans valeur*, car valeur d'*utilité* ** est, à mon gré, un contre-sens, et voilà pourquoi j'ai rejeté cette expression de Smith). Certes, ce n'est pas sans dessein ; je pense que de l'utilité sans valeur n'entre pas dans les considérations relatives aux richesses sociales, ni par conséquent dans la sphère de l'économie politique.

M. David Ricardo développe ainsi son idée sur la valeur d'*utilité* : « Quand je donne deux mille fois plus de drap pour une livre d'or que pour une livre de fer, cela prouve t-il que je trouve deux mille fois plus d'utilité dans l'or que dans le fer *** ? »

Non ; mais en supposant, pour un moment, qu'une livre d'or et une livre de fer rendent à l'homme autant de service l'une que l'autre, malgré l'inégalité de leur valeur vénale, et que cette utilité soit, pour chacune de ces choses, représentée par le nombre 2000, je dis qu'il y a dans une livre de fer :

des objets échangés ont passé dans des mains différentes, sans avoir, après l'échange terminé, une valeur courante supérieure à celle qu'ils avaient auparavant.

Pourquoi donc les échangés jouent-ils un si grand rôle dans l'économie sociale ?

Parce que chaque personne ne se consacrant qu'à un seul genre de production, et une multitude de produits lui étant nécessaires, chaque personne ne consomme jamais qu'une très-petite partie de ce qu'elle produit, et se trouve forcée de vendre tout le reste pour acheter la presque totalité des objets dont elle a besoin.

N'y a-t-il pas des personnes qui achètent sans produire ?

Il n'y a que celles qui vivent de secours gratuits qui puissent acheter sans produire ; et alors elles vivent sur les produits des personnes de qui elles tiennent ces secours.

Plus	1999	degré d'utilité naturelle, faisant partie des richesses que la nature ne nous fait pas payer, comme la lumière du soleil
	1	degré d'utilité créé par l'industrie, les capitaux et les fonds de terre, que l'entrepreneur nous fait payer, parce qu'il le paie lui-même en frais de production ; c'est ce degré d'utilité qui est la seule valeur que fasse partie des richesses sociales, unique objet de l'économie politique.
	2000	degré d'utilité en tout.

Tandis que, dans une livre d'or, il y a 2000 degré d'utilité, créé par l'industrie, les capitaux et les fonds de terre, faisant parti des richesses locales, et, par conséquent, entrant dans la sphère de l'économie politique.

Et dans la société, la livre d'or vaut deux mille fols autant que la livre de fer, parce qu'il faut deux mille fols autant de frais de production pour créer l'or que le fer, et que l'utilité qu'on lui trouve suffit pour faire consentir un certain nombre de personnes à payer ce prix-là. (*Note de l'Auteur*.)

* On the principles of political Economy, 2ᵉ édit., p. 336.

** Smith, avec son bon sens ordinaire, après avoir seulement nommé cette valeur d'*utilité*, ne la fait jamais entrer dans ses considérations d'économie politique.

*** On the principles of political Economy, pag. 332.

Jean-Baptiste Say

Un propriétaire foncier n'achète-t-il pas sans produire et sans tenir des secours d'autrui ?

Un propriétaire foncier produit par le moyen de son instrument, de sa terre. Le loyer qu'il en reçoit est le prix du blé ou de tout autre produit qu'il a obtenu peur sa part dans la production à laquelle il a contribué par la collaboration de sa terre.

Il en est de même du capitaliste. L'intérêt de ses fonds est le prix de sa part des produits auxquels ses fonds ont concouru.

Quelle différence mettez-vous entre le prix des produits et leur valeur ?

Le prix est la quantité de monnaie courante que l'on peut obtenir pour un produit, lorsqu'on veut le vendre : c'est sa valeur exprimée en argent.

Quel est le prix le plus bas auquel un produit puisse être vendu et acheté ?

Un produit ne saurait être vendu et acheté d'une manière suivie, à un prix inférieur aux frais de production qui sont indispensables pour l'établir. Si chaque livre de café ne peut être amenée dans la boutique où nous l'achetons sans une dépense de 40 sous, on ne peut, longtemps de suite, vendre une livre de café au-dessous du prix de 40 sous [1].

Le prix d'une marchandise ne baisse-t-il pas en proportion de ce qu'elle est plus offerte, et ne monte-t-il pas en proportion de ce qu'elle est plus demandée ?

Une marchandise, par cela seul qu'elle est plus offerte, c'est-à-dire

---

1 Il ne faut pas oublier ici ce qui a été dit au chapitre VII, que les travaux des divers entrepreneurs (planteurs et négociants) qui ont concouru à cette production font partie des avances qu'elle a nécessitées ; et que leurs profits n'étant que le remboursement de ces avances, font partie des frais de production.　　　　(*Note de l'Auteur.*)

Chapitre XI

offerte en plus grande quantité, sans que les autres marchandises le soient davantage, est à meilleur marché par rapport aux autres ; car le meilleur marché d'une chose consiste dans la possibilité où sont les acheteurs d'en avoir une plus grande quantité pour le même prix.

Par la même raison, du moment qu'elle est plus demandée, elle est plus chère ; car qu'est-ce que la demande d'un produit, sinon l'offre que l'on fait d'un autre produit pour acquérir le premier ? Or, du moment que cet autre produit est offert en plus grande quantité pour acquérir le premier, dès ce moment, dis-je, le premier est plus cher [1].

Que signifie, en parlant d'une marchandise, ce qu'on appelle l'étendue

---

1 Le prix en monnaie de deux produits n'est que l'expression, en un seul mot, des quantités de chacun d'eux mutuellement offertes et acceptées en échange l'une de l'autre. Je m'explique :

Chaque producteur se présente avec son produit sur le marché de chaque lieu *, pour échanger ce produit contre un autre (car on sait fort bien que les ventes et les achats ne sont que des échanges, et que, dans la réalité, on échange les produits que l'on vend contre ceux que l'on achète). Si j'offre quatre hectolitres de blé à 15 francs l'hectolitre (les quatre valent, par conséquent, 60 francs), et si j'obtiens en échange deux mètres de drap à 30 francs (valant de même 60 francs), le prix des deux produits n'est-il pas l'expression abrégée de deux mètres et de quatre hectolitres, c'est-à-dire des quantités de chaque produit qui ont une égale valeur, et qui peuvent s'échanger l'une contre l'autre ? Admettons maintenant le cas où, pour les mêmes frais de production (c'est-à-dire avec le même fermage payé, avec la même main-d'oeuvre payée, etc.), un producteur de blé n'obtienne que trois hectolitres, au lieu de quatre. Pour rentrer dans ses frais de production, en supposant que le prix des draps, ou de toute autre marchandise, soit resté le même, il demandera 20 francs pour chaque hectolitre de blé, et le prix commun de 60 francs pour trois hectolitres et pour deux mètres d'étoffe sera encore l'expression abrégée de la quantité des deux produits qui s'échangent l'un contre l'autre.

On voit par là comment la valeur d'une chose augmente en proportion de ce qu'elle est moins offerte (tout le reste étant d'ailleurs en même position), et comment sa valeur diminue en proportion de ce qu'elle est plus offerte, c'est-à-dire offerte en plus grande quantité. La seule quantité qu'on offre et qu'on demande est l'expression de la valeur.

La quantité d'une marchandise qui est offerte en échange, dans toutes les transactions particulières, est une conséquence de la quantité générale de la même marchandise qui est sur le marché. (*Note de l'Auteur.*)

* Dans l'acception usuelle, le mot marché signifie le lieu où l'on se rassemble pour vendre et acheter. En économie politique, il faut étendre cette signification à tout le canton, et même à tout le pays où l'on trouve à vendre une marchandise. La France est un marché pour le coton d'Amérique ; les Etats-Unis sont un marché pour les soieries de Lyon.

Jean-Baptiste Say

de ses débouchés ?

C'est la possibilité d'en vendre une plus ou moins grande quantité.

Quelles sont les causes qui étendent le débouché d'un produit en particulier ?

C'est d'abord le bon marché auquel il peut être établi par comparaison avec son utilité, avec les services qu'il peut rendre ; et, en second lieu, c'est l'activité de la production de tous les autres produits.

Pourquoi le bon marché d'un produit étend-il ses débouchés ?

Les familles qui habitent un canton, en contribuant à une production ou à une autre, gagnent chaque année des revenus très-divers : les uns 100 écus, les autres 1000, d'autres 100,000 écus et davantage. On fait des gains annuels qui s'élèvent à toutes les sommes intermédiaires ; les plus nombreux sont les plus modiques, et les plus gros sont les plus rares. Vous comprenez dès lors qu'un produit se vendra en quantité d'autant plus grande qu'il sera plus utile et qu'il coûtera moins cher ; car ces deux conditions le font désirer de plus de monde, et permettent à plus de monde de l'acquérir.

Pourquoi l'activité dans la production de tous les autres produits augmente-t-elle les débouchés de chaque produit en particulier ?

Parce que les hommes ne peuvent acheter un produit particulier qu'ils ne produisent pas qu'à l'aide de ceux qu'ils produisent. Plus il y a de gens qui produisent du blé, du vin, des maisons, et plus les gens qui produisent du drap peuvent vendre de mètres de leur marchandise.

Les producteurs ne sont donc pas intéressés à habiter un pays où l'on produit peu ?

Non, sans doute ; il se vend maintenant en France bien plus de marchandises que dans les temps de barbarie, par la raison qu'on en produit beaucoup plus qu'à ces malheureuses époques. Les producteurs, en s'y multipliant, y ont multiplié les consommateurs; et chaque producteur, en produisant davantage, a pu multiplier ses consommations.

Nous produisons tous les uns pour les autres. Le fermier, ou fabricant de blé, travaille pour le fabricant d'étoffes : celui-ci travaille pour le fermier ; le quincaillier vend ses serrures au banquier : celui-ci reçoit et paie pour le quincaillier ; le droguiste fait venir des couleurs pour le peintre : le peintre fait des portraits pour le marchand. Tout le monde est utile à tout le monde ; et chacun fait d'autant plus d'affaires, que les autres en font davantage.

Le commerce étranger n'est donc pas indispensable pour ouvrir des débouchés à notre industrie ?

Non ; mais le commerce que nous faisons avec l'étranger étend nos productions et notre consommation. Si nous n'avions pas en France de commerce au dehors, nous ne produirions pas de café, et nous n'en consommerions pas ; mais, par le moyen du commerce avec l'étranger, nous pouvons produire et consommer une immense quantité de café ; car, en produisant des étoffes que nous échangeons contre cette denrée d'un autre climat, nous produisons notre café en étoffes.

Dans quel cas les nations étrangères offrent-elles le plus de débouchés à notre industrie ?

Lorsqu'elles sont industrieuses elles-mêmes, et d'autant plus que nous consentons à recevoir plus de produits de leur industrie.
Notre intérêt n'est donc pas de détruire leur commerce et leurs manufactures ?

Au contraire : la richesse d'un homme, d'un peuple, loin de nuire à la nôtre, lui est favorable ; et les guerres livrées à l'industrie des autres peuples paraîtront d'autant plus insensées qu'on deviendra plus instruit.

Chapitre XI

Chapitre XII
De la Monnaie.

Qu'est-ce que la monnaie ?

La monnaie est un produit de l'industrie, une marchandise qui a une valeur échangeable. Une certaine quantité de monnaie, et une certaine quantité de toute autre marchandise, quand leur valeur est exactement pareille, sont deux portions de richesses égales entre elles.

D'où vient à la monnaie sa valeur ?

De ses usages ; c'est-à-dire qu'elle tire sa de la même source que quelque produit que ce soit Le besoin qu'on en a fait qu'on y attache un prix et que l'on offre pour en avoir une certaine quantité de tout autre produit quelconque.

Ce n'est donc pas le gouvernement qui fixe la valeur des monnaies ?

Non ; le gouvernement peut bien ordonner qu'une pièce de monnaie s'appellera *un franc, cinq francs*, mais il ne peut pas déterminer ce qu'un marchand vous donnera de marchandise pour un franc, pour cinq francs. Or, vous savez que la valeur d'une chose se mesure par la quantité de toute autre chose que l'on consent communément à donner pour en obtenir la possession.

Vous dites que la monnaie tire sa valeur de ses usages ; cependant elle ne peut servir à satisfaire aucun besoin.

Elle est d'un fort grand usage pour tous ceux qui sont appelés à effectuer quelque échange ; et vous avez appris (chap. XI) les raisons pour lesquelles les hommes sont tous obligés d'effectuer des échanges, par conséquent de se servir de monnaie.

Comment la monnaie sert-elle dans les échanges ?

Elle sert en ceci, que lorsque vous voulez changer le produit qui vous est inutile, contre un autre que vous voulez consommer, il vous est commode, et le plus souvent indispensable de commencer par changer votre produit superflu en cet autre produit appelé monnaie, afin de changer ensuite la monnaie contre la chose qui vous est nécessaire.

Pourquoi l'échange préalable contre de la monnaie est-il commode et souvent indispensable ?

Pour deux raisons : en premier lieu, parce que la chose que vous voulez donner en échange diffère le plus souvent en valeur de la chose que vous voulez recevoir. Si la monnaie n'existait pas et que vous voulussiez échanger une montre de quatre louis contre un chapeau d'un louis, vous seriez obligé de donner une valeur quatre fois supérieure à celle que vous recevriez. Que si vous vouliez seulement donner le quart de votre montre, vous ne le pourriez sans détruire sa valeur tout entière, ce qui serait encore pis. Mais si vous commencez par changer votre montre contre quatre louis, vous pouvez alors donner le quart de la valeur de votre montre pour avoir un chapeau, et conserver les trois autres quarts de la même valeur pour l'acquisition de tout autre objet. La monnaie, comme vous le voyez, vous est utile pour cette opération.

Quel est le second motif qui fait désirer de se procurer de la monnaie ?

Une marchandise autre que la monnaie pourrait se proportionner, en quantité, à la valeur de la chose que vous souhaitez vendre. Vous pourriez avoir une quantité de riz pareille en valeur à la montre dont vous voulez vous défaire, et vous pourriez donner en riz une quantité équivalente à la valeur du chapeau que vous voulez acquérir ; mais vous n'êtes pas certain que le marchand de chapeau ait besoin du riz que vous pourriez lui offrir, tandis que vous êtes certain qu'il recevra volontiers la monnaie dont vous vous êtes rendu possesseur.

D'où peut me venir cette certitude ?

Du besoin que toute personne a de faire des achats pour satisfaire à ses besoins.

Une marchandise, quand on ne veut pas la consommer immédiatement pour satisfaire un besoin, ne convient qu'à ceux qui en font commerce, à ceux qui sont connus pour en être marchands, qui savent par conséquent où sont ses débouchés, ce qu'elle vaut exactement, et par quels moyens on peut réussir à la vendre. Or, la monnaie est une marchandise dont tout le monde est marchand, car tout le monde a des achats à faire, et c'est être marchand de monnaie que d'en offrir en échange de toutes les choses que l'on achète journellement. Vous êtes donc assuré qu'en offrant de la monnaie à une personne quelconque, et pour quelque échange que ce soit, vous lui offrez une marchandise dont elle a le placement assuré [1].

---

1 On voit que la monnaie est une marchandise comme une autre, qui tire sa valeur de ses usages combinés avec les frais de sa production, c'est-à-dire de la quantité offerte et demandée au prix où l'on peut la fournir. Elle n'est donc pas seulement un signe des valeurs, mais une valeur par elle-même, susceptible de toutes les variations que subissent toutes les autres choses évaluables, et par les mêmes causes. Elle est seulement exposée à moins de dépréciations, par l'usage qu'on en fait, que la plupart des autres meubles, et il faut qu'elle soit bien vieille et bien usée, pour qu'on ne puisse pas la revendre sur le même pied qu'on l'a *achetée*, quand sa valeur n'a pas été altérée par d'autres causes que celle-là.

Elle n'a pas non plus les qualités qui peuvent en faire une *mesure des valeurs* ; et, rigoureusement parlant, il n'y a point de mesure des valeurs. Au moment où un échange se conclut, la quantité d'un des termes de l'échange est .la mesure de la valeur de l'autre ; lorsqu'on échange cent livres de blé contre dix pièces d'un franc, les cent livres de blé valent 10 francs, et les 10 francs valent cent livres de blé ; mais si, à quelques lieues de là, cent livres de blé valent onze francs, ce peut être tout aussi bien parce que les francs valent moins que parce que le blé vaut plus.

On peut, à la vérité, comparer la valeur de deux objets qui sont en présence, en les évaluant l'un et l'autre en écus, parce qu'au même moment et au même lieu, un écu vaut autant qu'un autre, et deux écus valent le double d'un seul. Je dirai donc, en conséquence, qu'une maison de dix mille francs vaut vingt fois plus qu'un cheval de 500 francs ; mais qui ne voit qu'alors les francs n'indiquent rien de plus qu'un rapport de nombres, et que la comparaison de ces deux valeurs serait tout aussi bonne, en disant qu'elles sont l'une à l'autre dans le rapport de 10,000 à 500 ou de 20 à 1 ?

Il est vrai que, lorsqu'on me dit qu'un cheval vaut 500 francs, j'ai une idée un peu plus nette de la quantité de divers objets qu'il peut procurer à son maître s'il veut s'en défaire,

Pourquoi, même dans le cas où la marchandise que je reçois vaut bien réellement son prix, considère-t-on celui qui me vend comme faisant une meilleure affaire que moi qui achète ?

Celui qui vend a deux marchés à conclure pour obtenir la marchandise dont il a besoin, à la place de celle qui est pour lui superflue : il faut qu'il change d'abord celle-ci en monnaie, et qu'il change ensuite cette monnaie contre la chose qu'il veut avoir. Lorsqu'une fois il a effectué le premier de ces deux échanges, il ne lui reste plus que le second à terminer, et c'est le plus facile, parce qu'au lien d'une marchandise qui ne pouvait convenir qu'à un petit nombre de personnes, il a désormais en sa possession de la monnaie, c'est-à-dire une marchandise qui est à l'usage de tout le monde.

Je vois quelle est la source de la valeur de la monnaie ; mais je voudrais savoir quelle cause fixe cette valeur à un taux plutôt qu'à un autre.

C'est la somme, ou, si vous voulez, le nombre de pièces qui se trouvent dans chaque canton. On donne et l'on reçoit, dans les ventes et dans les achats, d'autant plus de pièces qu'il y en a davantage dans le canton. Ainsi, le quintal métrique de blé, qui se vend aujourd'hui pour 25 pièces d'un franc, se vendrait 50 francs, s'il y avait une fois plus de monnaie en circulation.

---

que si on l'évaluait en blé ou en sucre. D'où vient cela ? de ce que nous avons une plus grande habitude de la valeur courante de la monnaie que de toute autre marchandise, et que nous savons à peu près tout ce qu'une certaine somme pourrait nous procurer, si nous voulions en disposer. Mais cette somme ne vaut elle-même que les diverses quantités de diverses choses qu'elle peut acheter ; ce qui rend sa valeur perpétuellement variable. Il n'en est pas de même d'un mètre, d'un hectolitre, qui sont des grandeurs fixes, invariables, indépendantes des objets qu'on mesurera par leur moyen.

On peut donc se servir de la monnaie pour se faire une idée de ce que peut valoir une chose, ici et à présent ; mais elle ne sert presqu'en rien pour indiquer la valeur d'une chose dont nous sommes séparés par les temps et par les lieux. Une maison de 10,000 francs, en Bretagne, vaut beaucoup plus qu'une maison de 10,000 francs à Paris : car elle procurerait à qui voudrait l'échange, beaucoup plus de choses qu'une somme de 10,000 francs n'en vaudrait à Paris. Les 12,000 francs de revenu que M. Daubigné (frère de Mme de Maintenon) mangeait à Paris, en 1686, lui procuraient une existence qu'on n'aurait pas actuellement pour 40,000 francs. (*Note de l'Auteur.*)

Chapitre XII

Dans cette supposition, y aurait-il quelque chose de changé à la richesse du pays ?

Non ; car celui qui recevrait une fois plus de monnaie pour son quintal de blé, serait obligé d'en donner une fois plus pour toutes les choses qu'il voudrait se procurer, et finalement, en échange de son blé, il n'aurait obtenu que la même quantité de produits, la même somme de jouissances. Quant à ceux qui sont possesseurs de monnaie, ayant 50 pièces qui ne vaudraient pas plus que 25, ils ne seraient pas plus riches qu'ils ne le sont avec 25 pièces.

A-t-on des exemples d'une pareille multiplication et d'une pareille dépréciation des monnaies ?

On a des exemples d'une multiplication et d'une dépréciation bien plus grande. Avant la découverte de l'Amérique, une même pièce d'argent valait cinq ou six fois plus qu'elle ne vaut à présent ; et lorsqu'on a fait en différents pays, à certaines époques, de la monnaie de papier pour des sommes énormes, la valeur de cette monnaie s'est dégradée en proportion.

La valeur des monnaies peut-elle augmenter comme elle peut diminuer ?

Oui : ce cas arrive lorsque la quantité de monnaie diminue, ou bien quand le nombre des échanges qui se font journellement dans le canton vient à augmenter, parce qu'alors le besoin de monnaie, la demande qu'on en fait, deviennent plus étendus. Des échanges plus considérables en valeur et plus multipliés en nombre exigent une plus grande quantité de pièces de monnaie.

Dans quel cas le nombre des échanges augmente-t-il ?

Lorsque le canton devient plus riche, lorsqu'on y crée plus de produits, et qu'on en consomme davantage ; lorsque la population croit en conséquence ; comme il est arrivé en France où, depuis la fin du 16ᵉ siècle, la population a doublé, et où la production et la consommation ont peut-être quadruplé [1].

Comment se manifestent les changements de valeur dans les monnaies ?

Quand la valeur des monnaies hausse, on donne moins de monnaie en échange de toute espèce de marchandise. En d'autres termes, le prix de toutes les marchandises baisse.

Quand, au contraire, la valeur des monnaies décline, on donne plus 1e monnaie dans chaque achat ; le prix de toutes les marchandises hausse.

Se sert-on également de plusieurs sortes de matières pour fabriquer des monnaies ?

On s'est servi, suivant l'occasion, de fer, de cuivre, de coquilles, de cuir, de papier : mais les matières qui réunissent le plus d'avantages pour faire les fonctions de monnaies, sont l'or et l'argent, que l'on appelle aussi les métaux précieux. L'argent est le plus généralement employé ; ce qui fait que, dans l'usage commun, on dit fréquemment *de l'argent* pour dire de la monnaie.

Emploie-t-on indifféremment tout métal d'argent comme monnaie ?

Non : on ne se sert ordinairement, pour cet usage, que de l'argent

---

1 Si le nombre des échanges et le besoin qu'on a de monnaie ont fort augmenté, on peut demander pourquoi la valeur de l'argent a baissé depuis la fin du seizième siècle. C'est parce que l'approvisionnement d'argent fourni par les mines d'Amérique a surpassé l'augmentation survenue dans les besoins. On n'a aucune notion sur la quantité d'argent qui se trouvait répandue dans le monde quand l'Amérique a été découverte ; on sait fort imparfaitement ce que les diverses mines de l'univers en ont fourni depuis cette époque ; mais si la quantité de monnaie d'argent et d'argenterie de luxe, qu'on emploie maintenant, a quadruplé, et si néanmoins, comme il paraît, l'argent est tombé environ au cinquième de son ancienne valeur, il faut que la quantité de ce métal qui circule maintenant en France, ait vingtuplé ; car s'il n'avait que quadruplé, il aurait conservé sa valeur. Il faut donc que sa quantité soit cinq fois plus que quadruple, s'il est tombé au cinquième de son ancienne valeur. (*Note de l'Auteur.*)

qui a reçu une empreinte dans les manufactures du gouvernement, qu'on appelle des Hôtels des Monnaies.

L'empreinte est-elle nécessaire pour que l'argent serve aux échanges ?

Non, pas absolument : en Chine, on se sert d'argent qui n'est pas frappé en pièces ; mais l'empreinte que le gouvernement donne aux pièces est extrêmement utile, en ce qu'elle évite à ceux qui reçoivent de la monnaie d'argent, le soin de peser le métal et surtout de l'essayer [1] ; ce qui est une opération délicate et difficile.

L'empreinte étant utile, n'ajoute-t-elle pas à la valeur d'une pièce de monnaie ?

Sans doute, à moins que le gouvernement n'en frappe en assez grande quantité pour qu'une pièce qui porte l'empreinte baisse de valeur jusqu'à ne pas valoir plus qu'un petit lingot du même poids et de la même pureté.

Une monnaie frappée peut-elle tomber au-dessous de la valeur d'un petit lingot qui l'égale en poids ?

Non ; parce qu'alors son possesseur, en la fondant, l'élèverait aisément de la valeur d'une pièce à la valeur du lingot. Une monnaie métallique, par cette raison, ne peut jamais tomber au-dessous de la valeur du métal dont elle est faite.

Pourquoi les gouvernements se réservent-ils exclusivement le droit de frapper les monnaies ?

Afin de prévenir l'abus que des particuliers pourraient faire de cette fabrication, en ne donnant pas aux pièces le titre [2] et le poids annoncés par l'empreinte ; et aussi quelquefois afin de s'en attribuer

---

1 *Essayer*, c'est s'assurer du degré de pureté de l'argent ou de l'or.
2 Le titre est la proportion de la quantité de métal précieux et de la quantité de cuivre ou d'autre alliage qui se trouve dans la pièce de monnaie.

Jean-Baptiste Say

le bénéfice, qui fait partie des revenus du fisc [1].

La monnaie d'argent et la monnaie d'or varient-elles dans leur valeur réciproque ?

Leur valeur varie perpétuellement comme celle de toutes les marchandises, suivant le besoin qu'on a de l'une ou de l'autre, et la quantité qui s'en trouve dans la circulation. De là l'agio, ou bénéfice que l'on paie quelquefois pour obtenir 20 francs en or contre 20 francs en argent.

La même variation de valeur existe-t-elle entre les pièces de cuivre et les pièces d'argent ?

Non, pas ordinairement ; par la raison que l'on ne reçoit pas la monnaie de cuivre pur, et celle de cuivre mélangé d'argent, qu'on nomme *billon*, sur le pied de leur valeur propre ; mais en raison de la facilité qu'elles procurent d'obtenir par leur moyen une pièce d'argent. Si cent sous qu'on me paie en cuivre ne valent réellement que trois francs, peu m'importe ; je les reçois pour cinq francs, parce que je suis assuré d'avoir, quand je voudrai, par leur moyen, une pièce de cinq francs. Mais quand la monnaie de cuivre devient trop abondante, et que, par son moyen, on ne peut plus avoir à volonté la quantité d'argent qu'elle représente, sa valeur s'altère, et l'on ne peut plus s'en défaire sans perte [2].

---

1 Fisc veut dire le trésor du prince ou celui du public. (Notes de l'Auteur.)

2 On n'a pu faire entrer, dans un ouvrage abrégé comme celui-ci, que les principes les plus importants et les plus usuels.

Chapitre XII

Chapitre XIII
Des signes représentatifs de la Monnaie.

Qu'appelez-vous des signes représentatifs de la monnaie ?

Des titres qui n'ont aucune valeur autre que celle que leur procure la somme qu'ils donnent au porteur le droit de se faire payer. Telles sont les promesses, les lettres de change, les billets de banque, etc.

Qu'est-ce que les lettres de change ?

Ce sont des mandats fournis par un tireur, et payables par un accepteur qui habite une autre ville du même pays ou de l'étranger. Le tireur est garant du paiement de la lettre de change ; et l'accepteur, quand il l'a revêtue de son acceptation, en est garant aussi, et solidairement.

A quoi servent les lettres de change ?

Elles évitent les frais et les risques qui accompagnent les transports d'argent.

Comment cela ?

En établissant une compensation entre ce qui est dû réciproquement par deux villes différentes.

Expliquez cet effet par un exemple.

Si un habitant de Bordeaux me doit 1000 francs, je fais sur lui une lettre de change de cette somme ; je la vends, et j'évite le risque du transport de la somme de Bordeaux à Paris. Cette lettre de change est achetée par une personne de Paris qui doit 1000 franc à Bordeaux, et qui s'acquitte en remettant ce titre au lieu de la somme.

Jean-Baptiste Say

On peut donc vendre et acheter les lettres de change ?

Sans doute ; les vendre, c'est ce qu'on appelle les négocier.

Valent-elles autant que la somme qu'elles portent ?

Quelquefois ; lorsque peu de personnes ont des créances à recevoir dans la ville où elles doivent être payées, et lorsqu'au contraire on a besoin d'y faire passer beaucoup de valeurs. Hors ce cas-là, elles ne valent pas autant que la somme qu'elles portent, d'abord parce qu'elles ne sont pas payables sur-le-champ, ensuite parce que celui qui les achète court le risque de n'être pas payé, si les tireurs et accepteurs ne sont pas gens solvables.

En quelle monnaie sont acquittées les lettres de change sur l'étranger ?

En monnaie du pays où elles doivent être acquittées : une lettre sur Londres est payée à Londres en livres sterling.

Quand on achète à Paris une lettre sur Londres, en quelle monnaie l'acquéreur la paie-t-il ?

En monnaie de France. Le vendeur et lui conviennent que chaque livre sterling sera payée sur le pied de 24, 25 francs, ou davantage, suivant le degré de confiance que lui inspire le tireur, suivant l'éloignement de l'échéance, et le besoin plus ou moins grand que l'on a de papier sur Londres. C'est ce prix variable de la monnaie étrangère achetée à Paris, qui fait ce qu'on appelle le *cours des changes* de Paris.

Qu'est-ce qu'on appelle le pair du change ?

C'est le prix au moyen duquel la quantité d'or fin, ou d'argent fin, que la lettre de change vous donne droit de toucher de l'étranger, est précisément égale la quantité du même métal que vous payez à Paris pour faire l'acquisition de la lettre de change.

Les billets de banque se négocient-ils comme les lettres de change ?

Non : quand on a la conviction qu'on en touchera le montant en monnaie à l'instant qu'on voudra, on les reçoit comme si c'était de l'argent, et on les donne sur le même pied, si celui à qui l'on doit un paiement a la même persuasion.

Quelle différence y a-t-il entre une monnaie de papier et un billet de banque ?

Une monnaie de papier est un billet qui n'est point convertissable en monnaie métallique à la volonté du porteur ; un billet de banque est payable à vue et au porteur.

La plupart des papiers-monnaie portent cependant qu'ils sont de même payés à vue.

Quand cette promesse est effectuée, ce ne sont pas des papiers-monnaie, mais des billets de confiance ; quand cette promesse est illusoire, ce sont des papiers-monnaie.

Qu'est-ce qui donne de la valeur à un papier-monnaie ?
Différentes causes : notamment la faculté accordée aux particuliers de s'en servir pour payer leurs impositions et pour acquitter leurs dettes, et surtout l'absence de tout autre instrument des échanges ; ce qui oblige les gens à avoir recours à celui-là, particulièrement lorsque les ventes et les achats ont une grande activité.

Qu'est-ce qui donne de la valeur aux billets de banque ?

La certitude de pouvoir les convertir à volonté en monnaie.

Quelle assurance le public a-t-il que les billets au porteur d'une banque seront exactement payés ?

Une banque bien administrée ne délivre jamais un billet sans recevoir en échange une valeur quelconque. Cette valeur est ordinairement de la monnaie, ou des lingots, ou des lettres de change. La partie du gage de ces billets qui est en monnaie peut servir directement à les acquitter. La partie qui est en lingots n'exige que le temps de les vendre. La partie qui est en lettres de change exige qu'on attende, à la rigueur, jusqu'à leur échéance, pour que la valeur de ces lettres de change puisse servir à l'acquittement des billets. On voit que, si les lettres de change sont souscrites par plusieurs personnes solvables, et si leur échéance n'est pas trop éloignée, les porteurs des billets ne courent d'autres risques qu'un léger retard.

Cependant si, à l'échéance, des lettres de change sont payées avec des billets de banque au lieu de numéraire…

Alors ces billets rentrent dans les coffres de la banque ; ils sont remboursés de fait.

Les billets de banque peuvent donc suppléer au numéraire ?

Oui, jusqu'à un certain point, mais seulement dans les villes où il y a une caisse toujours ouverte pour les rembourser ; car un billet ne vaut de l'argent comptant que lorsqu'il peut être sur-le-champ converti en argent.

Comment s'y prend une banque pour mettre en circulation ses billets ?

Quand elle se charge des recettes et des paiements pour le compte des particuliers, ou quand elle escompte des effets de commerce [1], ces fonctions la mettent dans le cas d'opérer beaucoup de paiements, dans lesquels elle offre ses billets en concurrence avec de l'argent, et ces billets, quand ils inspirent une confiance parfaite, sont préférés, comme plus commodes que de l'argent.

Qu'arrive-t-il quand une banque met en circulation une trop grande

---

1 Escompter des effets de commerce, c'est en payer comptant le montant, en retenant l'escompte ou l'intérêt du temps qui doit encore s'écouler jusqu'à leur échéance.

quantité de ses billets ?

La quantité de ceux qui, chaque jour, viennent se faire rembourser, balance ou surpasse la quantité de ceux que la banque met journellement en circulation, et si le discrédit s'en mêle, si tous les billets se présentent à la fois pour être remboursés, la difficulté qu'on éprouve toujours lorsqu'il s'agit de réaliser tout à la fois des valeurs considérables, expose la banque à de fort grands embarras.

Chapitre XIV
De l'Importation et de l'Exportation des marchandises.

Qu'entend-on par l'importation des marchandises ?

L'importation est une opération commerciale par laquelle un produit est acheté dans l'étranger et apporté dans notre pays.

Qu'entend-on par l'exportation ?

C'est une opération par laquelle un produit est acheté dans notre pays et envoyé dans l'étranger.

Les commerçants qui se chargent de ces opérations sont-ils des nationaux ou des étrangers ?

Ils sont indifféremment nationaux ou étrangers, selon leurs goûts, leurs talents, et les capitaux qu'ils peuvent employer à ces opérations.

Comment les marchandises exportées d'un pays lui sont-elles payées ?

Par des marchandises importées [1]. Un exemple le fera comprendre. Un commerçant français ou américain, ou tout autre, donne, l'ordre à un commissionnaire français d'acheter en France et d'expédier aux Etats-Unis pour 20,000 francs de soieries. Arrivées aux Etats-Unis, ces soieries se vendent 25,000 francs, je suppose. Le commerçant, entrepreneur de cette opération, donne l'ordre à son correspondant américain d'employer cette somme en achats de cotons, et d'expédier ces cotons en France, où ils se vendent 30,000

---

1 Pour que l'on puisse payer avec des lettres de change sur l'étranger des marchandises qu'on aurait tirées de l'étranger, il faut qu'on y ait envoyé préalablement une valeur réelle pour faire les fonds de la lettre de change. Dès lors il est clair que l'on paie l'étranger avec cette valeur réelle, et non avec cette lettre de change, qui n'est que le signe d'une créance acquise par l'envoi préalable d'une valeur réelle. J'appelle valeurs réelles les choses qui portent en elles-mêmes leur valeur. L'or et l'argent sont des valeurs réelles et ne sont point des signes. (*Note de l'Auteur.*)

francs.

L'entrepreneur avec le produit des cotons paie les soieries au fabricant français, et l'excédant sert à payer les frais de l'opération et les propres soins de l'entrepreneur qui font partie de ses avances.

N'aurait-il pas été plus avantageux pour la France que le commerçant eût fait revenir la valeur des soieries en métal d'argent plutôt qu'en coton ?

L'intérêt de la France, dans cette occasion, n'était pas différent de celui du négociant qui l'a entreprise. L'un et l'autre devaient désirer que la valeur des retours fût la lus grande qu'il était possible ; des cotons qui valent en France 30,000 francs sont, pour le pays comme pour les particuliers qui les font venir, une richesse plus grande que des piastres qui n'auraient valu que 29,000 francs.

Cependant il semble que des piastres frappées en monnaie française auraient fourni un capital plus durable que du coton.

Vous devez vous rappeler qu'un capital n'est pas plus ou moins durable,.en raison de la matière où sa valeur est logée, mais bien en raison de l'espèce de consommation qu'on en fait. Un filateur de coton ne perd aucune portion de son capital quand il transforme de l'argent en coton ; tandis qu'il dissipe une portion de ses capitaux productifs lorsqu'il transforme une partie des marchandises de son magasin en vaisselle d'argent ou en bijoux [1].

Cependant un pays qui exporterait du numéraire, et qui ne recevrait pas le métal dont on le fait, ne verrait-il pas sa monnaie devenir plus rare et toutes ses ventes plus difficiles ?

Le numéraire deviendrait plus rare, à la vérité, si le métal dont

---

1 En se reportant au chapitre V (*des Capitaux*), on verra comment les capitaux se perpétuent, quoique composés de matières fugitives. On verra également que la majeure partie des monnaies d'or et d'argent, quoique composées de matières durables, ne font pas partie des capitaux d'un pays.

on le fait devenait lui-même plus rare ; mais il n'en résulterait pas que les ventes fussent plus difficiles ; car, de même que toute autre marchandise, l'argent devient plus précieux en devenant plus rare ; et il peut se trouver moins d'onces d'argent dans la circulation, sans qu'il s'y trouve moins de valeurs, si chaque once de métal vaut davantage. Comme on ne recherche pas le numéraire pour le consommer, mais pour acheter, sa valeur importe peu ; le marchand qui en reçoit en moins grande quantité pour ce qu'il vend, en donne à son tour en moins grande quantité pour ce qu'il achète. L'or est bien plus rare que l'argent ; néanmoins, dans les pays où l'on se sert de monnaie d'or, comme en Angleterre, on ne remarque pas que les affaires soient plus difficiles que dans les pays où l'on a des monnaies d'argent. Nous sommes, par la même raison, fondés à croire que si, par impossible, l'argent devenait en France quinze fois moins abondant qu'il n'est à présent, nous ne serions encore qu'au point où se trouvent les nations qui se servent de monnaie d'or : chaque once d'argent valant quinze fois autant qu'elle vaut à présent, remplacerait quinze onces dont on se sert actuellement [1].

1 On a remarqué cependant que la rareté du numéraire et son renchérissement successif nuisent à l'activité des affaires, et au contraire qu'une abondance croissante de monnaies favorise les développements de l'industrie. David Ricardo parle de la gêne qu'on éprouve en Angleterre, lorsque la banque rassemble et encaisse de fortes sommes pour se préparer au paiement des arrérages de la dette nationale, dont elle est chargée. D'une autre part, il est constant que l'émission d'un papier-monnaie, aussi longtemps qu'il conserve son crédit et qu'il multiplie l'agent de la circulation, même lorsque cette multiplication dégrade successivement sa valeur ; il est, dis-je, constant que cette émission est favorable à la production et facilite toutes les ventes. Mais il convient de faire attention que, dans les circonstances dont il est ici fait mention, il n'est pas seulement question d'une pénurie ou d'une abondance de monnaie, mais de richesses véritables.

Les marchands vendent plus aisément, lorsque les rentiers viennent de toucher leurs rentes, qu'avant l'instant où elles sont payées : c'est tout bonnement parce qu'ils ont, à la fin d'un quartier, épuisé leur revenu du quartier ; ils se privent dans ce moment-là, et font leurs emplettes plus aisément lorsqu'ils viennent de toucher leur quartier. Cette cause de pénurie et d'abondance de richesses, arrivant en Angleterre quatre fois par an, et ne durant que quelques jours, n'a pas le temps d'agir sur la valeur de la monnaie et de compenser, par l'élévation de son prix, le déficit occasionné par les encaissements de la banque.

Quant à l'activité qui résulte de l'abondance, de l'agent de la circulation, fruit de l'émission d'un papier-monnaie, elle peut naître d'une abondance réelle de capitaux due au papier monnaie. On sait que la monnaie de papier en tenant lieu de la monnaie métallique, permet d'employer comme valeurs capitales des métaux dont la circulation

La quantité d'argent peut-elle être réduite à ce point par l'effet des opérations commerciales ?

Jamais, parce que le commerce lui-même trouve son profit à apporter de l'argent dans un pays où il a une valeur même très-peu supérieure à celle qu'il a dans un autre pays [1].

Peut-on par des prohibitions faire entrer dans un pays plus d'or et d'argent que n'en réclament les besoins de ce pays ?

C'est impossible, parce que, du moment qu'il y a quelque part plus d'argent que n'en réclament les besoins, sa valeur décline par rapport à celle de toutes les autres marchandises. Si notre pays possède la quantité de métaux précieux que réclament ses besoins, les négociants qui en feraient venir n'obtiendraient pas en échange une aussi grande quantité des objets qui doivent composer leur retour ; ils perdraient : or, aucune loi ne peut forcer un négociant à entreprendre une opération de Commerce qui donne de la perte.

Que concluez-vous de ces considérations ?

peut alors se passer ; et, de plus, le gouvernement, à l'aide d'une monnaie qu'il se procure à peu de frais, paie ses dettes arriérées, commande de nouveaux travaux, forme de nouvelles entreprises, et répand de véritables richesses dans la société, en y répandant une monnaie qui, quoique de papier, a une valeur très-réelle ajoutée aux autres valeurs répandues jusque là dans la société.

Il y a donc lieu de croire que, dans ces cas-là, l'activité des affaires est due à une augmentation d'aisance, et que la seule abondance ou pénurie du numéraire qu'on obtient par un troc contre d'autres marchandises, peut bien influer sur sa valeur relativement aux autres marchandises, mais non sur le plus ou le moins de facilité des échanges.   (Note de l'Auteur.)

1 Les commerçants s'aperçoivent de la différence de la valeur de l'argent d'un pays dans l'autre, en comparant les retours que procure l'argent avec les retours que procurent les autres marchandises. Un négociant qui délibère s'il fera passer d'Espagne en France des piastres ou d vin de Malaga, compare ce que mille piastres achèteront en France de la marchandise qu'il veut acquérir, avec ce qu'en achètera le vin de Malaga. Si, par exemple, mille piastres vendues en France suffisent pour y acheter cent pièces de toile de Bretagne, et si du vin de Malaga, coûtant en Espagne mille piastres, après avoir été vendu en France, n'y peut acheter que quatre-vingt-seize pièces de toile, il a quatre pour cent gagner à envoyer des piastres ; et ce sont des piastres qu'il enverra, en supposant les mêmes frais dans les deux cas. (*Note de t'Auteur.*)

Jean-Baptiste Say

Que ce ne sont point les lois, mais la seule influence des prix qui fait entrer dans un pays l'or et l'argent, ou les en fait sortir.

Nous ne devons donc pas craindre de voir notre pays s'épuiser de numéraire par ses achats de marchandises étrangères ?

Cette crainte serait chimérique. De toutes manières, un pays ne peut acquérir les produits étrangers qu'avec ce qu'il produit lui-même ; même lorsqu'il les paie en argent, il ne les acquiert qu'avec des produits de son sol, de ses capitaux et de son industrie ; car ce sont ces produits qui lui servent à acquérir l'argent dont il les paie [1].

Qu'est-ce que la balance du commerce?

C'est l'état des exportations d'un pays comparé avec l'état de ses importations.

Si l'on pouvait avoir de pareils états exacts, qu'est-ce qu'ils apprendraient ?

Ce qu'une nation gagne annuellement dans son commerce avec l'étranger. Elle gagne d'autant plus que la somme des produits qu'elle importe surpasse la somme des produits qu'elle exporte.

Sur quel motif appuyez-vous cette conséquence ?

Dans nos relations d'affaires avec les nations étrangères, la nôtre ne saurait perdre ou gagner que ce que nos compatriotes perdent ou gagnent dans ces mêmes relations. Or, nos compatriotes gagnent

1 Lorsque les métaux précieux, par l'effet des paiements qui se font aux étrangers, deviennent rares dans notre pays, au point de faire monter leur valeur seulement de deux ou trois pour cent, l'intérêt du commerce est d'en faire venir. Or, le commerce ne peut faire venir des métaux précieux sans les payer, sans envoyer l'équivalent de leur valeur en produits de notre pays. Il est de la dernière évidence que nous ne pouvons nous acquitter qu'avec nos produits, ou, ce qui revient au même, avec ce que nous acquérons par le moyen de nos produits.
Un pays qui, comme le Mexique, s'acquitte, avec du métal d'argent, de ses achats à l'étranger, s'acquitte encore avec les produits de son sol et de son industrie, puisque l'argent est un produit de son sol et de son industrie.

Chapitre XIV

d'autant plus que la valeur des retours qu'ils reçoivent surpasse davantage la valeur des marchandises qu'ils ont expédiées au dehors.

Pourquoi beaucoup de personnes croient-elles au contraire que le gain d'un pays se compose de l'excédant de s exportations sur les importations ?

Parce qu'elles ignorent les procédés du commerce, et les sources d'où provient la richesse des nations [1].

Si nous gagnons dans notre commerce avec une autre nation, faut-il que cette nation perde ce que nous gagnons ?

Nullement : les marchandises que nous lui expédions sont évaluées par le négociant qui en fait l'envoi, sur le pied de ce qu'elles coûtent à ce négociant ; la nation qui les reçoit les évalue sur le pied de la valeur qu'elles ont après avoir été transportées chez elle. De même, elle évalue celles que nous tirons de son pays, en raison de la valeur qu'elles ont chez elle, et non en raison de la valeur qu'elles ont chez nous. Ses importations peuvent donc excéder ses exportations, et les nôtres présenter le même résultat. Les choses arrivent même généralement ainsi : toutes les espèces de relations commerciales sont mutuellement avantageuses ; car personne n'est forcé à faire des affaires, et il n'est aucun pays où l'on consente, d'une manière suivie, à en faire pour y perdre.

---

1 Ce qui égare le jugement de beaucoup de personnes, relativement à la balance du commerce, c'est qu'elles considèrent une nation par rapport aux autres, comme un marchand en boutique par rapport aux chalands. Il s'y trouvé une fort grande différence. Un marchand est une personne unique qui ne fait qu'un seul genre d'affaires et ne peut recevoir sans désavantage, en paiement, les objets qui ne sont pas de son commerce. Le marchand de chapeaux désire que l'apothicaire le paie en argent, parce qu'il n'a pas besoin de ses pilules ; l'apothicaire désire, à son tour, que l'opticien le paie en argent, parce qu'il n'a pas besoin de ses lunettes. Mais une nation ne reçoit jamais en paiement que les marchandises qui ont du débit chez elle ; et elle ne les reçoit jamais que par les mains de ceux qui en sont marchands. Lorsque la Hollande paie la France en drogueries, quels sont ceux qui font venir ces drogueries de Hollande ? Ce sont des droguistes et ils sont bien aises de les recevoir, parce qu'elles sont la matière de leur commerce et les objets mêmes sur lesquels ils fondent leurs bénéfices. (Notes de l'Auteur.)

Jean-Baptiste Say

Chapitre XV
Des Prohibitions.

Quelles sont les prohibitions dont il est ici question ?

Ce sont les défenses faites par les lois d'importer ou d'exporter certains produits.

Sur quels produits s'étendent principalement les prohibitions?

On prohibe, en général, la sortie des matières premières et l'entrée des produits manu¬facturés.

Sur quel motif s'appuie-t-on ?

On s'imagine que ce que l'étranger nous paie pour des matières premières n'est pas tout profit, et que ce qu'il nous paie pour notre main-d'oeuvre est tout profit.

Cette opinion est-elle fondée ?

Il est très-vrai que lorsque l'étranger nous paie 600 fr. pour une pièce de drap, il nous rembourse pour 600 fr. d'avances qui ont été le prix de services productifs exécutés par des Français. Mais quand il nous paie 600 fr. pour une balle de laine, il nous rembourse égale¬ment pour 600 fr. d'avances qui ont été le prix de services productifs exécutés de même par des Français. Dans les deux cas, cette somme est tout profit pour la France, puisqu'elle est en totalité gagnée par des Français.

Oui ; mais dans le premier cas, nous ne livrons à l'étranger que 60 à 80 livres de matières, et dans le second cas, nous lui en livrons 300.

Ce n'est pas la matière qui fait l'importance de ce que nous livrons à l'étranger : c'est la valeur de la matière. S'il fallait éviter de vendre des objets pesants et encombrants, il faudrait éviter d'exporter du fer, du sel et d'autres matières qui ont très-peu de valeur à proportion de leur volume.

Ne vaudrait-il pas mieux exporter du fer ouvragé que du fer en barres ?

Si, par l'exportation du fer ouvragé, nous augmentons la somme totale de nos exporta¬tions, ce genre d'envois nous est favorable ; mais l'exportation d'une valeur de 1000 francs en fer brut nous est aussi favorable que celle de 1000 francs en fer ouvragé. Il y a, dans les deux cas, la même somme de services productifs payés à la nation.

Dans les deux cas, les profits s'adressent-ils aux mêmes classes de producteurs ?

Non : quand une demande de fer en barres est adressée par une nation étrangère à la France, il y a plus de profits obtenus par la classe des entrepreneurs, et moins par la classe ouvrière, que si l'étranger demandait du fer ouvragé. Si la demande prenait habituellement ce cours, le nombre des entrepreneurs français se multiplierait un peu plus, et celui des ouvriers un peu moins ; mais les gains de la nation seraient les mêmes dans l'un et l'autre cas.[1]

La somme des exportations n'est-elle pas plus considérable quand les lois favorisent de préférence l'exportation des objets manufacturés ?

Les lois qui favorisent le plus les exportations sont celles qui laissent le plus de liberté dans le choix des objets que le commerce envoie au dehors et qu'il reçoit en retour.

Convient-il, en conséquence, d'abolir tous les droits d'entrée ?

Non ; car notre commerce avec l'étranger aurait alors un privilège

---

1 En tout pays, la main-d'œuvre étrangère que l'on consomme est peu de chose, comparée avec celle qui a été exécutée dans le pays. Beaucoup de produits, comme les maisons, sont nécessairement le fruit d'une façon indigène. Une étoffe même réclame une façon coûteuse, pour devenir une robe ou un habit. (Note de l'Auteur.)

Jean-Baptiste Say

sur notre agriculture et nos fabriques qui, de leur côté, supportent leur part des impôts. L'équité veut que toutes les industries et tous les consommateurs supportent leur part des charges communes.

Faudrait-il supprimer tous les droits d'entrée qui excéderaient cette proportion ?

Si l'on supprimait brusquement les droits exagérés et les prohibitions, on pourrait ruiner les établissements qui ne se sont élevés qu'à la faveur des privilèges que ces droits et ces prohibitions leur assurent. Le bien même veut être exécuté avec prudence.

Quel bien résulterait-il d'un système qui diminuerait autant que possible les entraves et les frais qui accompagnent le commerce avec l'étranger ?

Il en résulterait une plus grande activité dans nos relations commerciales au dehors, et par conséquent dans notre production intérieure.

Comment y gagnerions-nous une plus grande production intérieure ?

Chaque nation ne peut consommer pour son usage qu'un nombre borné d'objets. Si les habitants de la France ne peuvent chaque année consommer qu'un nombre de cinq millions de chapeaux de feutre, et s'ils n'ont point de commerce extérieur, ils ne pourront fabriquer au delà de cinq millions de chapeaux de feutre, car un plus grand nombre ne se vendrait pas. Mais s'ils importent du sucre et du café, ils pourront fabriquer peut-être un million de chapeaux en sus, qui seront exploités pour payer du sucre et du café. Ils auront produit, pour ainsi dire, leur sucre en chapeaux.

Je conçois cet avantage, quand il s'agit de nous procurer des denrées que nous ne pouvons pas créer nous-mêmes ; mais quant aux produits que nous pouvons créer chez nous, pourquoi les tirerions-nous de l'étranger ?

Chapitre XV

Il nous est avantageux de les tirer de l'étranger si, avec les mêmes frais de production, nous obtenons ainsi une plus grande quantité de produits.

Expliquez-moi cela par un exemple.

Si nous tirons d'Allemagne 100,000 aunes de rubans de fil, nous importons une marchandise que nous pourrions produire immédiatement nous-mêmes, mais qu'il convient mieux d'importer que de fabriquer ; car leur fabrication nous coûterait, par supposition, 7,000 francs, tandis que nous les payons avec 2,000 mille aunes de taffetas qui ne nous coûtent que 6,000 mille francs de frais de production.[1]

C'est fort bien si nous sommes admis à les payer en soieries ; mais ne serions-nous pas en perte s'il fallait les payer en argent ?

Rappelez-vous le précédent chapitre : comme nous n'avons point de mines d'argent, il faut toujours que nous fassions, avec des produits de notre sol et de notre industrie, l'acquisition de l'argent que nous payons à l'étranger. De toutes les manières, en dernier résultat, nous ne payons les produits étrangers qu'avec nos produits.

1 Au sujet de cette question, voici l'objection que répètent pour l'ordinaire les personnes dont l'esprit ne saisit pas l'ensemble et la liaison des vérités qui sont la base de l'économie politique : « Ne vaut-il pas mieux, disent ces personnes, fabriquer chez nous cent mille aunes de rubans de fil, si leur fabrication occupe un plus grand nombre d'ouvriers, puisqu'alors cette fabrication, dût-elle nous coûter plus cher, fait gagner plus de monde, et que ce que la nation se paie à elle-même n'est pas en pure perte ? »

Cette objection est fondée sur le même raisonnement qui conduirait à moudre le blé à force de bras, pour faire gagner des tourneurs de meule. « Qu'importe, pourrait-on leur dire, que l'on paie la farine plus cher, puisque ce surplus de prix fait gagner plus de monde, et se trouve payé à la nation par elle-même ? »

On voit que ce raisonnement conduit à créer de la peine pour avoir une occasion de la payer, tandis qu'il vaut mieux créer les produits au meilleur marché, et employer le surplus des moyens de production à d'autres créations. On a prouvé ailleurs que les progrès de l'industrie consistent à produire, avec moins de peines, conséquemment à meilleur marché, et qu'un progrès dans l'industrie (et par conséquent dans l'industrie commerciale) est, en définitive, favorable même à la classe ouvrière. Voy. au chap. X, page 38, sur ce qui constitue les progrès de l'industrie, les raisons qui militent en faveur des procédés expéditifs dans les arts.

Jean-Baptiste Say

Mais, dans ce commerce, ne peut-on pas perdre comme gagner ?

Toutes les fois qu'un commerce se soutient, c'est qu'il donne du bénéfice aux commerçants. Il en donne aussi aux agriculteurs et aux fabricants nationaux dont les commerçants achètent les produits. Il convient de même aux consommateurs nationaux qui par le moyen du commerce avec l'étranger obtiennent, soit des produits que leur pays ne fournit pas, soit à meilleur marché des produits que leur pays pourrait créer, mais plus dispendieusement. Si tout le monde y gagne, comment la nation y perdrait-elle.[1]

1On a élevé, contre la liberté du commerce, grand nombre d'objections qui supposent, dans leurs auteurs, l'ignorance ou l'oubli de quelques-unes des vérités précédemment établies.

Par exemple, on a dit qu'un négociant qui achète des marchandises étrangères emploie une partie de son capital à faire travailler les ouvriers étrangers. Réponse : Un acheteur ne prête aucune partie de son capital à son vendeur. Celui-ci, après une vente, n'a toujours que le même capital qu'il avait auparavant. Seulement une portion de ce capital, qui était en marchandises, est changée contre de l'argent. De son côté, le négo¬ciant français qui a acheté des marchandises étrangères, ne s'est départi d'aucune portion de son capital ; c'est de ce capital qu'il se sert en se procurant, pour y gagner, des objets de commerce. Et si, comme il arrive fréquemment, le manufacturier étranger lui a vendu à crédit, c'est l'étranger qui, au contraire, prête à la France ; d'où il suit qu'alors, au contraire, cette portion du commerce français marche à l'aide de capitaux étrangers. On a considéré les prohibitions comme des représailles ; on a dit : Si toutes les nations à la fois voulaient supprimer les douanes au moyen desquelles elles protégent leur industrie, rien de mieux : les sacrifices auxquels nous nous soumettrions en faveur des autres, trouveraient un équivalent dans les profits que nous ferions avec eux ; mais accorder aux autres nations un avantage qu'elles vous refusent, c'est une duperie. Ici l'on pose en fait ce qui est en question, ou plutôt ce qui est résolu d'une manière opposée. Ce n'est point un sacrifice que l'on fait en admettant des produits étrangers, même sans réciprocité, c'est une bonne affaire ; c'est vendre ceux de nos produits que nous vendons le mieux, pour avoir en échange des objets de consommation que nous ne pouvons, d'aucune autre manière, acquérir à un aussi bon compte. C'est troquer ce qui vaut moins contre ce qui vaut plus. Quand même une nation étrangère repousse une partie de vos produits pour accueillir les autres, elle ne saurait vous faire du tort ; car le commerce est toujours libre de ne pas faire les affaires qui ne lui conviennent pas. On peut être certain que notre nation gagne toujours, même dans les affaires, quelles qu'elles soient, qu'une politique jalouse lui permet de traiter ; car, du mo¬ment qu'il convient à des négociants de continuer ces affaires, c'est parce que les valeurs qu'ils reçoivent remplacent avantageusement celles qu'ils donnent. Et vous, quand les lois étrangères font tort, par des prohibitions, à quelques-unes de vos

Chapitre XVI
Des Règlements relatifs à l'exercice de l'industrie.

Quels règlements fait-on communément relativement à l'industrie ?

Les lois et les règlements que le gouvernement fait à ce sujet ont pour objet, soit de déterminer les produits dont il faut ou dont il ne faut pas s'occuper, soit de prescrire la manière dont les opérations de l'industrie doivent être conduites.

Quels exemples a-t-on de la manière dont un gouvernement détermine la nature des produits ?

Dans l'agriculture, lorsqu'il interdit tel ou tel genre de culture, celle de la vigne, par exemple, ou lorsqu'il donne des encouragements extraordinaires à d'autres cultures, comme à celle du blé.

Dans les manufactures, lorsqu'il favorise certaines fabrications, comme celle des soieries, et oppose des prohibitions ou des gênes à d'autres fabrications, comme à celle des cotonnades.

Dans l'industrie commerciale, lorsqu'il favorise par des traités les communications avec un certain pays, et les interdit avec un autre pays, ou lorsqu'il accorde des privilèges au commerce d'une telle marchandise et prohibe le commerce de telle autre.

Quel but se propose le gouvernement par ces protections et ces entraves ?

D'encourager la création des produits qu'il suppose les plus favorables à la prospérité publique.

Quels sont en réalité les produits les plus favorables à la prospérité

---

branches de commerce, vous voulez, par représailles, faire tort à celles qui vous restent ! C'est mal connaître la nature des choses, et mal raisonner. (Note de l'Auteur.)

publique ?

Ce sont ceux qui acquièrent le plus de valeur par comparaison avec leurs frais de production.

Pourquoi sont-ils plus favorables à la prospérité publique ?

Parce que leur plus haute valeur indique le besoin qu'on en a, et parce qu'une plus grande création de valeur est une plus grande création de richesse.

Leur production a-t-elle besoin d'être encouragée ?

Nullement ; car cette circonstance même la rend plus lucrative qu'une autre.

Quels sont les produits qui ne peuvent se passer d'encouragement ?

Ce sont ceux qu'il ne convient pas de produire, et dont sans cela les producteurs ne voudraient pas s'occuper. En favorisant leur production on encourage des opérations moins avantageuses que les autres, et qui emploient des capitaux, des travaux et des soins qui rapporteraient davantage étant appliqués à d'autres objets.

Comment le gouvernement peut-il se mêler de la manière dont les produits doivent être exécutés ?

Dans les manufactures, il prescrit quelquefois le nombre de gens qui doivent y gagner leur vie, et les conditions qu'ils doivent remplir ; comme lorsqu'il établit des corporations, des maîtrises et des compagnonnages ; ou bien il détermine les matières qu'il faut employer, le nombre de fils que doivent porter la chaîne et la trame des étoffes. Dans l'industrie, commerciale, il prescrit dans certains cas la route que devront tenir les marchandises, le port où elles devront débarquer, etc.

Quel est le prétexte sur lequel on se fonde pour établir les corporations et les maîtrises ?

On se flatte de pouvoir exclure les hommes sans probité et sans capacité du droit d'exercer une profession, et l'on se persuade que le public sera moins souvent trompé dans ses achats.

L'expérience vient-elle à l'appui de cette assurance ?

Nullement ; parce que les hommes sans probité et sans capacité font aussi facilement que d'autres les preuves exigées pour entrer dans une corporation.

On peut ajouter que lorsqu'on donne à certains hommes le droit de juger de la manière de travailler de certains autres, on s'expose à des jugements dictés par l'ignorance ou la routine, par la rivalité ou la prévention. Le seul juge compétent des produits est le consommateur.

Quel est l'effet réel des corporations par rapport au public ?

De lui faire payer plus cher de plus mauvais produits..

Comment présumez-vous cet effet ?

En premier lieu, toute corporation augmente les frais de production, car les entrepreneurs d'industrie doivent contribuer pour subvenir aux dépenses du corps. En second lieu, la corporation est intéressée à écarter, sous différents prétextes, autant de concurrents qu'elle peut ; et surtout ceux qui, par leur génie et leur activité, pourraient surpasser leurs confrères. Aussi remarque-t-on que les lieux où les arts industriels font le plus de progrès sont ceux où tout homme peut librement exercer toutes les industries [1].

1 Les communautés d'arts et métiers, dans leurs actes et dans leurs réclamations auprès de l'autorité, partent toujours de ce faux principe que les intérêts de la communauté sont aussi ceux du public. Le fait est que les intérêts de la communauté ne coïncident avec ceux du public qu'en ce qu'il convient à une communauté de créer de l'utilité, parce que cette création fait son revenu, et qu'il convient au public d'acheter cette utilité. Leurs intérêts sont opposés en ce qu'il convient à la communauté de donner

Quel est l'effet des corporations relativement aux ouvriers ?

Elles facilitent les combinaisons coupables des maîtres pour établir le prix des salaires plus bas que le taux où il serait porté par la concurrence, et pour restreindre le nombre des apprentis afin de ne pas se créer des concurrents.

Mais si les ouvriers, de leur côté, s'entendent pour exiger un certain salaire…

Ce sont alors les ouvriers qui forment une corporation non autorisée et tout aussi préjudiciable que les corporations autorisées.

Pourquoi nommez-vous ces combinaisons coupables ?

Parce qu'elles violent le droit qu'ont tous les hommes de gagner leur vie comme ils peuvent, pourvu qu'ils ne portent atteinte ni à la sûreté ni à la propriété d'autrui. Elles violent aussi le droit qu'ont tous les consommateurs d'acheter les choses dont ils ont besoin aux prix où une libre concurrence peut les porter.

N'y a-t-il pas d'autres motifs qui doivent faire repousser les corporations et les maîtrises ?

Il y en a beaucoup d'autres ; mais on peut dire en général qu'aucun règlement, aucune loi, ne sauraient produire une seule parcelle de

---

au public le moins d'utilité qu'elle peut, parce qu'elle coûte à créer, et de recevoir en échange le plus d'argent, c'est-à-dire le plus qu'il est possible des autres produits que le sien.

Rien ne facilite ce résultat aussi bien que les communautés ; elles peuvent être considérées comme une conspiration permanente contre les intérêts du public ; elles sont protectrices nées de la routine et les ennemies du perfectionnement. Les syndics, ou chefs de la communauté, sont, en général, des gens enrichis dans leur métier. Les relations qu'ils ont avec le gouvernement augmentent encore leur influence sur les entrepreneurs plus jeunes qui ont leur chemin à faire. Toute innovation dans un art choque leurs habitudes, et tout ce qu'on fait de mieux que ce qu'ils ont fait, est un reproche pour eux. (*Note de l'Auteur.*)

richesse, une seule parcelle des biens qui font subsister la société ; ce pouvoir est réservé à l'industrie, aidée de ses instruments (les capitaux et les terres). Tout ce que les lois et les règlements peuvent faire à cet égard, c'est d'ôter aux uns ce qu'ils donnent aux autres, ou de gêner les opérations productives. Dans de certains cas, cette gêne est indispensable ; mais on doit la regarder comme un remède qui a toujours des inconvénients, et qu'il faut employer aussi rarement qu'il est possible [1].

---

1 Un fabricant qui met à sa marchandise une étiquette trompeuse, qui prend le nom d'une manufacture accréditée, ou même d'une ville connue pour une certaine fabrication, commet une fraude que l'autorité réprime avec justice.

Il est bon de soumettre à une épreuve, à une marque, les marchandises, comme les objets d'orfèvrerie, dont la vente frauduleuse compromettrait gravement les intérêts des particuliers. Mais il ne faut pas que les certificats de ce genre entravent plus qu'il n'est besoin les opérations de l'industrie, ni que leur prix soit disproportionné avec l'avantage que le public en retire.

L'autorité publique, à qui le public confie la défense de ses droits, peut et doit, par la même raison, proscrire toute industrie qui ne serait pas innocente, ou dont les erreurs seraient sans remède. Un homme qui élève une enseigne de médecin, sans connaître les premiers éléments de l'art de guérir ; un apothicaire qui vend des drogues sans les connaître, tendent des piéges à la crédulité du public. Ce malheur n'a pas de suites graves dans les transactions ordinaires de la société. On ne retourne pas chez un marchand qui vend de mauvaises étoffes pour de bonnes, un faux teint pour un bon teint ; et le marchand ne s'approvisionne plus dans une manufacture qui lui fait perdre ses pratiques. Le préjudice que la société aurait à supporter pour se garantir de cet inconvénient, serait plus grand que l'inconvénient lui-même. Mais quand un homme est tué par un charlatan, à quoi lui sert son expérience ? (*Note de l'Auteur.*)

Jean-Baptiste Say

Chapitre XVII
De la Propriété.

Qu'est-ce qui fait qu'une chose devient une propriété ?

C'est le droit garanti à son propriétaire d'en disposer à sa fantaisie à l'exclusion de toute autre personne.

Par qui ce droit est-il garanti ?

Par les lois et les usages de la société.

Quelles sont les choses qui composent les propriétés des hommes ?

Ce sont ou des produits, ou bien des fonds productifs.

Qu'observez-vous relativement aux produits qui composent une partie de nos propriétés ?

Que ces produits doivent être distingués en deux classes. L'une se compose de produits destinés à satisfaire des besoins ou à procurer des jouissances : tels sont les aliments, les vêtements, et tout ce qui se consomme dans les familles ; ces produits ne font partie de notre bien que pendant un temps très-court, durant l'intervalle seulement qui sépare leur acquisition de leur consommation ; et comme ils sont voués à une destruction plus ou moins rapide, nous pouvons les négliger dans la revue que nous faisons de nos propriétés.

L'autre classe de produits consiste dans ceux que nous employons dans les opérations productives : tels sont ceux qui remplissent les ateliers et les magasins. Comme la consommation de ceux-ci est remboursée par la création d'un nouveau produit, nous pouvons les regarder, quoique consommables, comme un fonds permanent. Ils renaissent perpétuellement, et composent ce que nous appelons nos capitaux.

De quelle manière le propriétaire d'un fonds capital en a-t-il acquis la possession ?

Par la production et par l'épargne. Le capital qui vient d'un don ou d'une succession a été originairement acquis de la même manière.

N'y a-t-il pas des propriétés capitales qui, quoique formées de produits, sont immobilières ?

Oui, des améliorations foncières, des maisons, proviennent de valeurs, mobilières d'abord, de matériaux, qui ont été transformés en valeurs immobilières.

Indiquez-moi d'autres propriétés du genre des capitaux.

La clientèle d'une étude de notaire, la chalandise d'une boutique, la vogue d'un ouvrage périodique, sont des biens capitaux, puisqu'ils ont été acquis par des travaux soutenus et qu'ils sont productifs d'un produit annuel.

Comment évalue-t-on les propriétés qui se composent de capitaux ?

Par leur valeur échangeable, par le prix qu'on pourrait en tirer si on les vendait.

Quel autre fonds productif fait partie de nos propriétés ?

Nos facultés industrielles font encore partie de nos propriétés. Elles se composent des facultés naturelles ou acquises, dont nous pouvons tirer un service productif, et par conséquent un revenu.

D'où tenons-nous ce genre de propriétés ?

La force corporelle, l'intelligence, les talents naturels, sont des dons de la nature ; notre instruction, nos talents acquis sont les fruits de nos soins et de nos peines. Cette dernière partie de nos facultés industrielles peut passer pour une propriété capitale, puisqu'elle est le fruit d'un travail exécuté par nous, et d'une avance dont nos parents ont fait les frais en nous élevant jusqu'à l'âge où nous pouvons en tirer parti.

Comment un homme peut-il évaluer cette partie de ses propriétés nommées facultés industrielles ?

Comme on ne saurait aliéner cette propriété, elle n'a point de valeur échangeable. On peut bien en vendre les fruits qui sont des services productifs ; mais on ne peut pas en vendre le fonds. Néanmoins elle peut s'évaluer par les profits ou le revenu annuel qu'on en tire. Un simple manouvrier, qui tire de ses services trois ou quatre cents francs par an, est moins riche qu'un peintre éminent ou un habile médecin qui en tirent 20,000 francs.

Il convient de remarquer que les facultés industrielles sont des propriétés viagères qui meurent avec nous.

Quels autres fonds productifs font partie de nos propriétés ?
Les fonds de terre, dans lesquels il faut comprendre non-seulement les terres cultivables, mais les cours d'eau, les mines, et en général tous les instruments naturels qui ont pu devenir des propriétés exclusives.

D'où tenons-nous ce genre de propriété ?

C'est un don que le créateur a fait au premier occupant, et dont la transmission est réglée par les lois. Les propriétés foncières qui n'ont pas été transmises légalement depuis le premier occupant jusqu'à leur possesseur actuel, remontent nécessairement à une spoliation violente ou frauduleuse, récente ou ancienne.

Comment évalue-t-on les propriétés foncières ?

Étant transmissibles par la vente, on peut les évaluer par leur valeur échangeable.

Quelle est la plus sacrée des propriétés ?

C'est la plus incontestable. C'est celle des facultés industrielles. Elles ont certainement été données à qui les possède et à nul autre. Celles de ces facultés qui sont naturelles lui ont été données par la nature ; et celles qui sont acquises sont le fruit de ses peines. C'est ce genre de propriété qui est méconnu et violé là où l'esclavag est admis.

Après les facultés industrielles, quelle propriété est la plus sacrée ?

C'est celle des capitaux, parce qu'ils sont de la propre création de l'homme qui les possède ou de ceux qui les lui ont transmis. Les capitaux sont des épargnes, celui qui a épargné, qui a retranché sur sa consommation pour former un capital, pouvait ne pas faire cette épargne ; il pouvait détruire le produit qu'il a épargné. Dès lors il pouvait légitimement anéantir toute prétention qu'une autre personne aurait élevée sur le même produit ; nulle prétention légitime autre que la sienne ne peut donc subsister sur cette propriété.

C'est par une suite du même principe que les propriétaires des fonds productifs doivent être reconnus comme propriétaires des produits qui en émanent ; et en consacrant ce principe, la société consacre une règle hautement favorable à ses intérêts.

Par quelle raison ?

Parce que la société ne vit que par le moyen de ses produits, et que les hommes qui possèdent les fonds productifs les laisseraient oisifs, s'ils ne devaient pas avoir la jouissance de leurs fruits.

Si le propriétaire d'un fonds de terre a la jouissance exclusive des fruits de sa terre, quel avantage en résulte-t-il pour le reste de la société ?

Les fruits d'une terre n'appartiennent pas en totalité au propriétaire du fonds. Ils appartiennent en même temps et à lui, et à ceux qui ont fourni les services de l'industrie et les services du capital qu'il a fallu mettre en œuvre pour faire produire le fonds de terre. Ces fruits se partagent suivant les conventions faites entre les producteurs, et la portion qui échoit à chacun d'eux est le produit de son fonds.

Pourquoi est-il avantageux pour la société que les propriétés capitales soient respectées ?

Parce qu'aucune entreprise industrielle ne peut être formée, et par conséquent aucun produit ne peut être créé, sans des avances faites par le moyen des valeurs capitales. Si une propriété capitale peut se trouver compromise, son propriétaire, au lieu de la consacrer à la production, aimera mieux l'enfouir ou la consommer pour ses plaisirs ; dès lors les terres que ce capital aurait fait fructifier, les bras qu'il aurait mis en activité, resteront oisifs.

Pourquoi est-il avantageux à la société que les capacités industrielles soient des propriétés respectées ?

Parce que rien ne donne plus d'émulation à l'homme dans l'exercice de ses facultés, rien n'excite plus puissamment à les étendre, que le choix le plus libre dans la manière de les employer, et la certitude de jouir tranquillement du fruit de ses labeurs ; d'un autre côté, les terres et les capitaux ne travaillent jamais plus profitablement que là où il se rencontre un grand développement de facultés industrielles.

Quel est, du riche ou du pauvre, le plus intéressé au maintien des propriétés quelles qu'elles soient ?

C'est le pauvre, parce qu'il n'a d'autres ressources que ses facultés industrielles, et qu'il n'a presque aucun moyen d'en tirer parti là où les propriétés ne sont pas respectées. Dans ce dernier cas, il est rare qu'un riche ne sauve pas quelques portions de ce qui lui appartient, et le plus grand nombre des pauvres ne recueille aucun profit de la dépouille des riches : bien au contraire, les capitaux fuient ou se cachent, nul travail n'est demandé, les terres restent en friche, et le pauvre meurt de faim. C'est un très-grand malheur que d'être pauvre ; mais ce malheur est plus grand encore lorsqu'on n'est entouré que de pauvres comme soi.

Chapitre XVIII
De la source de nos Revenus

Qu'appelez-vous nos revenus ?

Ce sont les profits qui se renouvellent journellement, et sur lesquels vivent les familles, les individus.

Où est la source de nos revenus ?

Elle est dans nos fonds productifs, qui sont nos facultés industrielles, nos capitaux, nos fonds de terre.

Comment une valeur nouvelle sort-elle chaque jour, chaque année, de ces valeurs permanentes ?

L'action de nos fonds productifs attache une utilité à des produits ; cette utilité leur donne de la valeur, et cette valeur compose un revenu aux propriétaires des fonds productifs.

Eclaircissez ce fait par des exemples.

Un cultivateur qui fait naître du blé ne le tire pas du néant ; mais il tire du néant l'utilité, la faculté de nourrir qu'il communique aux matières qui composent le blé. De là une valeur nouvelle mise au monde, une valeur que ce cultivateur doit à ses facultés industrielles, qui sont son intelligence et sa force corporelle ; à sa charrue et à ses animaux de labour, qui font partie de son capital ; à son champ, enfin, qui fait partie de ses fonds de terre. Dès lors le cultivateur peut vivre de son blé, ou de ce qu'il obtient en échange de son blé.

Comment ce cultivateur peut-il se faire un revenu quand il ne possède ni capital, ni terre ?

Il achète alors les services d'un capital et d'un fonds de terre, c'est-à-dire qu'il emprunte de l'argent et loue une ferme, de la même manière qu'il achète les services de ses valets et de ses moissonneurs par le salaire qu'il leur paie ; et sur le revenu total de la ferme, il ne lui reste plus, pour son propre revenu, que les profits de son industrie personnelle.

Que concluez-vous de là ?

Que les services productifs que peuvent rendre une industrie, un capital, un fonds de terre, sont le premier revenu de nos fonds, et que la production n'est qu'un premier échange où nous donnons nos services productifs pour recevoir des produits. Ces produits sont ensuite échangés contre de l'argent, des vivres, des habits, contre toutes les choses dont la nature nous a fait des besoins ou qui peuvent contribuer à la satisfaction de nos goûts.

Les personnes qui ne possèdent point de fonds productifs n'ont donc aucun revenu ?

Non.

Comment vivent-elles ?

Sur le revenu d'autrui.

Dans quels cas le revenu d'une personne est-il plus ou moins grand ?

Il est d'autant plus grand que, dans cet échange des services productifs contre des produits, on obtient une plus grande quantité de produits, c'est-à-dire d'utilité produite, et qu'on donne une moins grande quantité de services productifs.

Eclaircissez cela par un exemple.

Si un arpent de terre donne une fois plus de blé qu'un autre arpent, le revenu du premier est double du revenu de l'autre. Un attelage de la même valeur, qui, dans le même espace de temps, laboure une fois plus de terrain, est un capital qui donne un revenu double de celui d'un autre attelage. Si dans le même nombre de jours, avec un même capital et un même terrain, un cultivateur obtient une fois plus de blé qu'un autre, son revenu industriel est double.

L'augmentation du revenu est le résultat de ce que nous avons nommé les progrès de l'industrie,

Cette augmentation de revenu est-elle toujours au profit de l'auteur de ces progrès ?

Non, pas toujours ; quand un homme est parvenu à obtenir des mêmes fonds productifs une plus grande quantité de produits, si les produits restent au même prix, son revenu est augmenté ; mais si la concurrence le force à baisser ses prix en proportion de l'accroissement de sa production, ce sont les revenus des consommateurs qui en sont accrus.

Comment les revenus des consommateurs sont-ils accrus par la baisse d'un produit ?

Quand l'homme qui consacrait 36 francs de son revenu à l'achat d'un sac de farine, n'est plus obligé de le payer que 30 francs, son revenu se trouve accru de 6 francs par chaque sac de farine qu'il est dans le cas d'acheter, puisqu'il peut employer ces 6 francs à l'achat de tout autre produit.

Le revenu d'une personne peut-il provenir de différentes sources ?

Certainement ; le revenu total de chaque personne se compose de la somme de toutes les valeurs que cette personne retire de l'exercice et de l'emploi de ses facultés industrielles, de ses capitaux, et de ses fonds de terre.

De quoi se forme le revenu d'une nation ?

Le revenu d'une nation est la somme de tous les revenus des particuliers qui la composent [1].

Qu'est-ce que le revenu annuel d'un particulier, d'une nation ?

Ce sont toutes les portions de revenu, tous les profits qu'ils recueillent dans tout le cours d'une année.

---

1 Les contributions publiques ne font point partie des revenus d'une nation, puisqu'elles ne sont point une production, mais un simple transfert de valeur. Cependant, il convient de faire ici une observation.

La contribution, cette valeur qui diminue le revenu du contribuable pour former le revenu du fisc, ne compte pas dans le revenu du contribuable, bien qu'elle soit réellement le fruit de ses fonds productifs. Une contribution foncière soit bien réellement d'un bien-fonds, mais le propriétaire, ni son fermier, ne la comptent point parmi leur revenu. Il semblerait dès lors que, ne la comptant pas parmi les revenus des contribuables, et ne comptant pas ceux du fisc, elle ne serait pas comptée du tout. Mais voici le revenu privé dont elle fait partie : le fonctionnaire public qui est payé par le fisc vend son temps et ses travaux au gouvernement, et le traitement qu'il en retire fait son revenu ; revenu légitimement acquis par son industrie, et qu'il faut comprendre dans les revenus des fonds productifs de la nation.

Il faut donc, comme on voit, lorsqu'on ne fait pas entrer le montant des contributions dans les revenus généraux de la nation, y faire entrer le salaire de tous les services qu'achète le gouvernement.

En d'autres termes, le revenu d'une nation est le montant de tous les services rendus par les hommes, les capitaux et les terres de cette nation, ou ce qu'on appelle son *produit brut*, la valeur totale de chacun de ses produits, matériels et autres. Ce produit brut équivaut exactement à la somme des *produits nets* de tous les particuliers ; car la valeur d'un sac de blé, qui est un produit brut, donne un produit net au propriétaire de la terre, un produit net à son fermier, un produit net à chacun des travailleurs ; et l'ensemble de tous ces produits nets équivaut à la valeur brute du sac de blé. (*Note de L'Auteur.*)

Jean-Baptiste Say

Chapitre XIX
De la distribution de nos Revenus.

A qui appartiennent les produits journellement créés dans une nation?

Ils appartiennent aux industrieux, aux capitalistes, aux propriétaires fonciers, qui, soit par eux-mêmes, soit par le moyen de leur instrument, sont les auteurs de ces produits, et que nous avons en conséquence nommés producteurs.

Comment la valeur d'un produit unique se distribue-t-elle entre plusieurs producteurs ?

Par l'intermédiaire des entrepreneurs d'industrie, qui, s'étant rendus acquéreurs de tous les services nécessaires pour une opération productive, deviennent propriétaires uniques de tous les produits qui en résultent.

Comment se rendent-ils acquéreurs des services d'une terre ?

En l'affermant. Un fermier qui est un entrepreneur de culture, fait avec le propriétaire un marché à forfait au moyen duquel il lui paie une somme fixe, pour l'action de sa terre qu'il exploite dès lors pour son compte. Le propriétaire renonce au revenu variable qui peut résulter de l'action de sa terre, suivant les saisons et les circonstances, pour recevoir en place un revenu fixe qui est le fermage.

Comment les entrepreneurs d'industrie se rendent-ils acquéreurs des services d'un capital ?

En l'empruntant et en payant au capitaliste un intérêt. Le capitaliste change ainsi en un revenu fixe le résultat incertain du service de ce capital que l'entrepreneur fait travailler pour son compte [1].

---

1 L'intérêt des bonifications et bâtiments qui se trouvent sur un bien-fonds et qui sont un capital engagé, se confond avec le fermage du bien-fonds. La même observation

L'entrepreneur ne se rend-il pas acquéreur aussi de plusieurs genres de travaux industriels ?

Oui ; il acquiert par un traitement ou un salaire les services des employés, des ouvriers, par qui il a besoin d'être secondé, et ceux-ci changent ainsi contre un revenu fixe la part qu'ils peuvent prétendre dans le produit qui résulte de leurs travaux.

Un produit n'est-il pas quelquefois le fruit de plusieurs entreprises successives ?

C'est le cas le plus fréquent.

Comment sa valeur se distribue-t-elle alors entre les différents entrepreneurs qui ont concouru à sa production, chacun pour son compte ?

Chaque entrepreneur, en achetant la matière première de son industrie, rembourse à l'entrepreneur qui le précède toutes les avances que ce produit a exigées jusque là, et par conséquent toutes les portions de revenus que ces producteurs ont acquises jusqu'à lui.

Je voudrais en avoir un exemple.

Interrogez l'habit que vous portez : il vous dira qu'il est le résultat en premier lieu de l'entreprise d'un fermier qui, en vendant sa laine, a été remboursé de toutes les avances qu'il a faites lorsqu'il a payé aux différents producteurs de la laine les diverses portions de revenus auxquelles ce produit leur donnait des droits.

Le prix de cette laine, qu'achète un fabricant de draps, a été à son tour une avance que celui-ci a faite. Il y a ajouté d'autres avancés, en achetant des drogues de teinture, en payant le service de ses commis, de ses ouvriers ; et il a été remboursé du tout par la vente de son étoffe à un marchand de drap.

s'applique aux loyers des maisons d'habitation.   (*Note de l'Auteur.*)

Celui-ci, qui est entrepreneur d'une entreprise commerciale, a traité le drap comme étant la matière première de son industrie. L'achat qu'il en a fait a été une avance dont il a été remboursé à son tour par vous, quand vous avez acheté votre habit.

En examinant ainsi la marche de quelque produit que ce soit, on trouvera que sa valeur s'est répandue entre une foule de producteurs, dont plusieurs peut-être ignorent l'existence du produit auquel ils ont concouru ; tellement qu'un homme qui porte un habit de drap, est peut-être, sans s'en douter, un des capitalistes, et par conséquent un des producteurs qui ont concouru à sa formation.

La société ne se divise donc pas en producteurs et en consommateurs ?

Tout le monde est consommateur, et presque tout le monde est producteur. Car pour n'être pas producteur, il faudrait n'exercer aucune industrie, n'avoir aucun talent, et ne posséder ni la plus petite portion de terre, ni le plus petit capital placé.

Chapitre XX
Des causes qui influent sur les Revenus quels qu'ils soient.

Qu'entendez-vous par les causes qui influent sur les revenus ?

J'entends les circonstances qui font que les producteurs gagnent plus ou moins.

Pouvez-vous décrire ici toutes les circonstances qui ont un effet de ce genre ?

Non, parce qu'elles sont très-nombreuses et très-compliquées ; mais je peux faire remarquer les principales.

Qu'est-ce qui fait en général que les producteurs gagnent davantage ?

Ils gagnent davantage toutes les fois que les produits dont ils s'occupent sont plus vivement demandés.

Dans quel cas sont-ils plus vivement demandés ?

Ils le sont d'autant plus que la population qui les entoure est plus civilisée et produit davantage elle-même.

Qu'entendez-vous par une population civilisée ?

J'entends une population qui a les goûts et les besoins d'un peuple civilisé, qui respecte les personnes et les propriétés, habite dans des maisons décentes et meublées, se nourrit d'aliments sains et variés, se couvre de bons vêtements, cultive les arts et les talents de l'esprit.

Pourquoi faut-il qu'une nation ait ces goûts et ces besoins pour faire fleurir la production ?

Jean-Baptiste Say

Parce que les produits destinés les satisfaire n'ont d'utilité, n'ont une valeur, que là où ces besoins existent.

Pourquoi avez-vous dit que la seconde condition nécessaire pour que les produits fussent vivement demandés était que la population environnante produisit beaucoup elle-même ?

Parce que les hommes ne peuvent acheter les produits qui leur sont nécessaires qu'avec les objets qu'ils produisent eux-mêmes. C'est avec les produits de son industrie que le maître maçon peut acheter les services productifs d'un horloger, en se procurant une montre ; et c'est avec des montres que l'horloger paie les services productifs du maître maçon, en prenant un logement. Il en est ainsi des autres producteurs : tous consomment d'autant plus qu'ils produisent davantage [1].

N'y a-t-il pas une cause qui nuit essentiellement à ce que les produits soient vivement demandés ?

Oui ; c'est leur cherté comparée avec la satisfaction qui peut résulter de leur consommation.

Expliquez-moi cet effet.

Les petites fortunes dans tous les pays sont les plus nombreuses, et les premiers produits dont leurs possesseurs s'imposent la privation sont ceux dont l'utilité n'est pas proportionnée à leur cherté [2]. Aussi

1 On voit ici pourquoi une mauvaise récolte en blé est funeste pour la demande des produits des manufactures et du commerce. Quand les revenus du grand nombre suffisent à peine pour payer ses vivres, il ne lui reste plus rien pour payer des meubles, des vêtements, du sucre et du café.
2 On se rappelle que la production est un échange où nous donnons des services productifs pour recevoir des produits. Nous donnons des services productifs, même pour recevoir les produits que nous acquérons par un échange ; car ce que nous donnons en échange est le fruit de nos services productifs. Or, il y a beaucoup d'objets qu'il serait possible de produire, mais qui, étant produits, ne vaudraient pas les services qu'ils auraient coûtés. Ces objets ne sont ni demandés, ni produits.
Cette observation peut nous expliquer ce qui est arrivé quand, ainsi qu'on a pu le voir

voit-on que du moment qu'un produit baisse de prix (comme il arrive quand on parvient à le produire avec moins de frais), et qu'il entre par là dans la région où les fortunes sont plus nombreuses, la demande qu'on en fait s'étend rapidement : et une demande plus vive améliore les profits des producteurs.

---

en Angleterre, d'énormes impôts ont rendu trop chers certains produits. La demande en a cessé dans beaucoup de classes de la société ; de là la mévente de tant d'objets manufacturés. A d'autres époques, par un effet contraire, la suppression de quelques impôts a ranimé la demande. La même observation peut avoir lieu partout, mais elle est plus facile dans un pays où le montant exact des charges publiques et des variations qu'on leur fait subir est connu, et facilement comparé avec les vicissitudes de la consommation de chaque article. (*Notes de l'Auteur.*)

Jean-Baptiste Say

Chapitre XXI
Du Revenu des Industrieux.

A qui donnez-vous le nom d'industrieux ?

On donne le nom d'industrieux ou d'industriels aux hommes qui tirent leur principal revenu de leurs facultés industrielles ; ce qui n'empêche pas qu'ils ne soient en même temps capitalistes s'ils tirent un revenu d'un capital quelconque, et propriétaires fonciers, s'ils en tirent un autre d'un bien-fonds.

Quel classement convient-il de faire parmi les industrieux pour se former des idées justes sur leurs revenus ?

On peut les diviser en deux grandes classes ; ceux qui travaillent pour leur propre compte, ou les entrepreneurs d'industrie, et ceux qui travaillent pour compte des entrepreneurs et sous leur direction, comme les commis, les ouvriers, les gens de peine.

Dans quelle classe mettez-vous les banquiers, les courtiers, les commissionnaires en marchandises, qui travaillent pour compte d'autrui?

Dans la classe des entrepreneurs, parce qu'ils exercent leurs fonctions par entreprise, se chargeant de trouver les moyens d'exécution, et les employant à leurs frais. On peut ranger dans la même classe les savants qui recueillent et conservent les notions dont l'industrie fait son profit.

Quelle est la première observation à faire sur les revenus des entrepreneurs d'industrie ?

Qu'ils sont toujours variables et incertains, parce qu'ils dépendent de la valeur des produits, et qu'on ne peut pas savoir d'avance avec exactitude quels seront les besoins des hommes et le prix des produits qui leur sont destinés.

Qu'observez-vous ensuite ?

Que parmi les industrieux ce sont les entrepreneurs d'industrie qui peuvent prétendre aux plus hauts profits. Si plusieurs d'entre eux se ruinent, c'est aussi parmi eux que se font presque toutes les grandes fortunes [1].

A quoi attribuez-vous cet effet, quand il n'est pas l'effet d'une circonstance inopinée ?

A ce que le genre de service par lequel les entrepreneurs concourent à la production est plus rare que le genre de service des autres industrieux.

Pourquoi est-il plus rare ?

D'abord parce qu'on ne peut pas former une entreprise sans posséder, ou du moins sans être en état d'emprunter le capital nécessaire ; ce qui exclut beaucoup de concurrents. Ensuite parce qu'il faut joindre à cet avantage des qualités qui ne sont pas communes : du jugement, de l'activité, de la constance, et une certaine connaissance des hommes et des choses.

Ceux qui ne réunissent pas ces conditions nécessaires ne sont pas des concurrents, ou du moins ne le sont pas longtemps, car leurs entreprises ne peuvent pas se soutenir.

Au premier aperçu, il semble que c'est, pour une nation,

---

1 Comme l'entrepreneur prend à son compte tous les risques et toutes les chances heureuses de la production, il peut être ruiné par les uns et enrichi par les autres, quoique la prudence et l'habileté contribuent beaucoup à diminuer les risques et à multiplier les chances heureuses.

Une fortune acquise par un héritage, par le jeu, par une faveur de cour, une spoliation, n'est pas une fortune faite ; c'est une richesse perdue par les uns et gagnée par les autres. Il n'y a donc de moyen de faire véritablement une fortune nouvelle, que les entreprises industrielles, ou des épargnes longtemps soutenues sur les revenus que l'on a, quelle qu'en soit la source. Mais ce dernier moyen n'opère qu'avec lenteur.

un puissant avantage que d'avoir de grands domaines qui lui rapportent de gros revenus. Cela serait, en effet, si les dépenses étaient toujours rigoureusement réduites à ce que le bien du public exige impérieusement. Alors les ressources que le fisc, ou le trésor public, trouverait dans les domaines, seraient autant de moins qu'il lèverait en contributions. Mais les choses sont souvent arrangées par l'autorité politique, de manière que la seule borne des impôts est dans les facultés des contribuables, et que les peuples paient toujours tout ce qu'il est possible de leur faire payer sans qu'ils se fâchent. Ce que je dis là n'est pas une critique qui porte plus sur une forme de gouvernement que sur une autre, car les nations se conduisent toutes à peu près de la même manière. Dès lors, quand le public ou le prince possède des domaines, le revenu des domaines se consomme tout entier, et le contribuable n'en paie pas un sou de moins.

Quelle sorte d'entreprises sont les plus lucratives ?

Celles dont les produits sont le plus constamment et le plus infailliblement demandés, et par conséquent celles qui concourent aux produits alimentaires et à créer les objets les plus nécessaires [1].

Pourquoi les profits que font les savants, en leur qualité de savants, sont-ils si peu considérables ?

Parce que les services qu'ils rendent ne se consomment pas par

---

1 Il se fait quelquefois de gros gains par des produits de luxe et des superfluités ; mais aussi les mêmes objets entraînent beaucoup de pertes. Sur dix maisons qui se vendent à Paris ou aux environs, il y en a neuf achetées par des quincailliers, des merciers, des bouchers, des meuniers, contre une achetée par des bijoutiers, des modistes, etc. On peut conclure de ce fait que les premiers font plus constamment fortune. Un gros capital, employé dans une vaste entreprise, avec une intelligence rare, ne rapporte presque jamais, en proportion, autant qu'un petit capital qui fait travailler une intelligence ordinaire dans une entreprise qui pourvoit aux besoins journaliers de la population.

Adam Smith met au nombre des professions qui font de gros profits celles qui sont accompagnées de quelque danger, de quelque désagrément, et celles dont les produits n'ont pas un débit soutenu et certain. Mais on ne peut pas dire que, dans ces professions, les profits soient plus considérables s'ils ne sont qu'une indemnité ou du désagrément de la profession, ou des interruptions et des pertes auxquelles elle est exposée. (*Note de l'Auteur.*)

l'usage qu'on en fait. Quand un savant a enseigné aux artistes que l'on peut purifier les huiles par des acides, ou décolorer les sucres bruts par du charbon animal, les artistes peuvent faire usage constamment de ces utiles procédés sans recourir de nouveau à la source d'où ils les ont originairement tirés ; et bientôt après, les consommateurs jouissent gratuitement d'une connaissance dont tout le monde peut tirer parti, sans qu'il soit besoin d'en faire l'acquisition à prix d'argent.

Quel classement peut-on faire par les ouvriers ?

Ils sont ou de simples manouvriers, ou des gens de métier, comme les ouvriers charpentiers, maçons, serruriers, etc.

Qu'observez-vous relativement à leurs salaires ?

Que, dans les cas ordinaires, le salaire du simple manouvrier ne s'élève pas au-dessus du taux nécessaire pour le faire subsister lui et sa famille ; parce que, pour exécuter son service, il ne faut pas d'autre condition que d'être homme, et qu'un homme naît partout où il peut subsister.

Qu'observez-vous relativement au salaire des gens de métier ?

Qu'il est constamment plus élevé que celui des hommes de peine ; car le même nombre de personnes de cette classe ne peut être constamment entretenu qu'autant que leur salaire paie, indépendamment de leur entretien, les frais de leur apprentissage.

De plus, comme leur service exige un peu plus d'intelligence et d'adresse naturelle que le travail du manouvrier, il y a un peu moins de concurrents capables de s'en charger.

Qu'entendez-vous par ce qui est nécessaire pour faire subsister un ouvrier et sa famille ?

J'entends cette somme de consommations faute desquelles les familles de cette classe ne se maintiendraient pas en même nombre. Cette somme dépend des besoins que les habitudes et les opinions du pays ont fait une loi de satisfaire. Cinquante familles d'ouvriers français ne subsisteraient pas de ce qui suffit à cent familles d'ouvriers dans l'Indoustan.

Chapitre XXII
Du Revenu des Capitalistes et des Propriétaires fonciers.

Comment fait-on pour tirer un revenu d'un capital qu'on possède ?

On le fait valoir dans une entreprise industrielle, ou bien on le prête à une autre personne plus à portée de le faire valoir dans une semblable entreprise.

Que signifient ces mots : faire valoir un capital ?

Ils signifient faire l'avance des frais de production pour être remboursé avec profit de cette avance par le produit qui en résulte.

Comment un profit résulte-t-il de cette opération pour le capital qui a servi ainsi ?

La valeur du produit qui résulte de l'avance d'un capital et des autres services productifs paie le loyer de cette avance ; et si le prix du produit ne suffisait pas pour cela, sa production ne se continuerait pas, car elle n'indemniserait pas tous les producteurs des sacrifices qu'elle exigerait de leur part.

Quand un entrepreneur s'est servi d'un capital emprunté, qui est-ce qui s'approprie ce profit ?

C'est l'entrepreneur d'industrie ; mais il doit à son prêteur l'intérêt fixe qu'il s'est engagé à lui payer pour avoir la jouissance de son capital. L'entrepreneur perd ou gagne sur ce marché à forfait, selon qu'il retire, de l'emploi qu'il a fait du capital, un profit inférieur ou supérieur à l'intérêt qu'il en paie.

Quelles causes influent sur le taux des intérêts ?

L'intérêt des capitaux prêtés, quoique exprimé par un prix unique, un *tant pour cent* du capital prêté, doit réellement se décomposer en deux parts.

Expliquez cela par un exemple.

Si vous prêtez une somme, et que vous conveniez avec l'emprunteur d'un intérêt de six pour cent par année, il y a dans ce loyer quatre pour cent (plus ou moins) pour payer le service que votre capital peut rendre à l'entrepreneur qui le fera valoir, et deux pour cent (plus ou moins) pour couvrir le risque que vous courez qu'on ne vous rende pas votre capital.

Sur quoi fondez-vous cette présomption ?

Sur ce que, si vous trouvez à prêter le même capital, avec toute sûreté, sur une hypothèque bien sûre, vous le prêterez à quatre pour cent (plus ou moins). Le surplus est donc une espèce de prime d'assurance qu'on vous paie pour vous indemniser du risque que vous courez.

En mettant de côté cette prime d'assurance, qui varie suivant le plus ou le moins de solidité des placements, quelles sont les causes qui influent sur le taux de l'intérêt proprement dit ?

Le taux de l'intérêt hausse lorsque ceux qui empruntent ont des emplois de capitaux nombreux, faciles et lucratifs, parce qu'alors beaucoup d'entrepreneurs d'industrie sont jaloux de participer aux profits que présentent ces emplois de capitaux, et les capitalistes sont plus portés à les faire travailler eux-mêmes ; ce qui augmente la demande et diminue l'offre qui sont faites de capitaux à employer. Le taux de l'intérêt hausse encore, lorsque, par une cause quelconque, la masse des capitaux disponibles, c'est-à-dire des capitaux à employer, vient à diminuer [1].

Les circonstances contraires font baisser le taux de l'intérêt ; et l'une de ces circonstances peut balancer l'autre de telle sorte

---

1 On trouve des exemples frappants de ces deux cas dans mon *Traité d'Économie politique*, liv. II, chap. 8.

que le taux de l'intérêt reste au même point, parce que l'une des circonstances tend à le faire hausser précisément autant que l'autre tend à le faire baisser [1].

Quand vous dites que la masse des capitaux disponibles augmente ou diminue, entendez-vous par là la quantité d'argent ou de monnaie ?

Nullement : j'entends les valeurs consacrées par leurs possesseurs à faire des avances à la production, et qui ne sont pas tellement engagées dans un emploi, qu'on ne puisse les en retirer pour les faire valoir autrement.

Eclaircissez cela par un exemple.

Je suppose que vous ayez prêté des fonds à un négociant, pour qu'il vous les rende lorsque vous les lui demanderez, en le prévenant trois mois d'avance, ou, ce qui revient au même, que vous soyez dans l'usage d'employer vos fonds à escompter des lettres de change, ne pouvez-vous pas aisément faire travailler ces fonds d'une autre manière, si vous trouvez un emploi qui vous convienne mieux ?

Sans doute.

Dès lors, ces fonds sont un capital disponible ; ils le sont encore, s'ils sont sous la forme d'une marchandise de facile défaite, puisque vous pouvez les échanger aisément contre toute autre valeur. Ils le sont encore mieux s'ils sont en écus ; mais vous comprenez qu'il peut y avoir beaucoup de capitaux disponibles outre ceux qui sont en argent.

Je le comprends.

---

1 L'économie politique n'est point tenue d'entrer dans les raisons d'amitié, de parenté, de reconnaissance, qui portent les hommes à se départir des avantages qu'ils pourraient prétendre en cédant la jouissance de leurs fonds. Dans les applications, chacun est obligé d'apprécier l'influence des causes purement accidentelles et morales, pour savoir jusqu'à quel point elles modifient l'action des lois générales, constantes, universelles, qui sont les seules que l'économie politique puisse faire connaître. (*Notes de l'Auteur.*)

Eh bien ! c'est la somme de ces capitaux qui influe sur le taux des intérêts, et non pas les sommes d'argent sous la forme desquelles peuvent se trouver passagèrement ces valeurs capitales, lorsqu'il s'agit de les faire passer d'une main dans une autre. Un capital disponible peut être sous la forme d'une partie de marchandises, comme sous celle d'un sac d'écus, et si la quantité de cette marchandise qui se trouve dans la circulation n'influe en rien sur le taux de l'intérêt, l'abondance ou la rareté de l'argent n'y influe pas davantage.

Ce n'est donc pas de l'argent que l'on paie réellement le loyer quand on paie un intérêt ?

Nullement.

Pourquoi dit-on que c'est l'intérêt de l'argent ?

On le dit à cause des idées peu justes qu'on se formait autrefois de la nature et de l'usage des capitaux.

Qu'est-ce que l'intérêt légal ?

C'est le taux fixé par les lois pour les cas où l'intérêt n'a pu être fixé par le consentement des parties ; comme lorsque le détenteur d'un capital en a joui à la place d'un absent ou d'un mineur auquel il en doit compte.

L'autorité publique ne peut-elle fixer une borne aux intérêts dont les particuliers conviennent entre eux ?

Elle ne le peut sans violer la liberté des transactions [1].

---

1 Chez presque tous les peuples, les lois qui avaient rapport au prêt à intérêt, et ce qui nous en reste, sont des monuments de la complète ignorance où l'on était autrefois relativement à l'économie des sociétés, On regardait l'intérêt comme une exaction exercée par le riche sur le pauvre ; les gens d'église le proscrivaient comme contraire à la charité chrétienne ; on ne comprenait pas qu'en accompagnant l'usure de honte et de dangers, on l'accroît sans venir au secours du pauvre, et que l'on supprime le principal motif de l'épargne, qui est de se créer un revenu. On ne comprenait pas que le seul moyen de tirer l'indigent de la misère, de l'oisiveté et du vice, est de faciliter l'alliance

Quelles causes influent sur le taux des fermages ?

La quantité des demandes qui ont lieu pour prendre des fermes à bail, comparée avec la quantité des fermes à donner. On peut observer à ce sujet que la concurrence des demandeurs excède communément les fermes à donner, parce qu'en tout pays le nombre de celles-ci est nécessairement borné, au lieu que celui des fermiers et des capitaux qui peuvent se consacrer à cette industrie ne l'est pas nécessairement ; de sorte que, là où il ne se rencontre pas des causes plus puissantes pour produire un effet contraire, le taux des fermages se fixe plutôt au-dessus qu'au-dessous du profit que rapporte réellement le service productif des terres.

Qu'observez-vous encore à ce sujet ?

Que le taux des fermages tend néanmoins à se rapprocher du profit des terres ; car, lorsqu'il l'excède, le fermier, obligé de payer l'excédant ou sur le profit de son industrie, ou sur l'intérêt de son capital, n'est plus indemnisé complètement pour l'emploi de ces moyens de productions [1].

des capitaux et du travail, et que l'on rend plus de services en procurant au pauvre les moyens de gagner lui-même sa subsistance qu'en lui faisant l'aumône.

Les jurisconsultes, trop souvent plus empressés à justifier les vues de l'autorité qu'à les ramener vers des principes conformes à l'équité et au bien public, avaient trouvé en faveur des préjugés existants ce beau principe que l'argent n'enfante pas l'argent, *nummus nummum non parit* ; plus versés dans l'économie politique, ils auraient su que, si l'argent n'enfante pas l'argent, *la valeur enfante la valeur*, et qu'il y a une analogie complète entre le loyer qu'on tire d'un capital et le loyer qu'on tire d'une terre. (Note de l'Auteur.)

1 Depuis le milieu du siècle dernier, il y a eu de très-grandes controverses élevées sur la source des profits des propriétaires fonciers.

Les économistes du dix-huitième siècle prétendaient qu'il n'y avait point de nouvelles richesses mises dans le monde, si ce n'est le produit des terres, et que tous les profits de l'industrie n'étaient que des démembrements de ceux des propriétaires fonciers.

Adam Smith pense que les terres concourent avec l'industrie à la production des richesses.

Des publicistes plus récents, comme MM. de Tracy, Ricardo, sont d'avis que les terres ne créent aucune richesse, et que l'industrie fait tout ; M. Buchanan va même jusqu'à dire que le revenu du propriétaire foncier n'est pas un revenu nouveau, mais une portion du revenu des consommateurs, qui passe dans la poche du propriétaire.

Jean-Baptiste Say

Chapitre XXIII
De la Population.

Qu'est-ce qui multiplie, en tous pays, le nombre des hommes ?

C'est la quantité des choses produites. Les choses produites, en se distribuant aux habitants d'un pays de la manière qui a été expliquée, forment leurs revenus ; et chaque classe d'habitants se multiplie à

M. Malthus maintient que le revenu du propriétaire foncier naît de ce que la terre peut donner un produit supérieur aux frais de sa culture.

Ces controverses qui remplissent des volumes ont à mes yeux fort peu d'utilité, et dégénèrent en disputes de mots qui les font ressembler un peu trop aux disputes de l'école. Leur plus grave inconvénient est d'ennuyer le lecteur et de lui faire croire que les vérités de l'économie politique ont pour fondement des abstractions sur lesquelles il est impossible de se mettre d'accord.

Mais ce n'est point cela. Les vérités inattaquables de l'économie politique ne sont nullement des points de droit toujours plus ou moins sujets à discussion, suivant le jour sous lequel on les envisage : ce sont des choses de fait qui *sont ou ne sont pas* ; or, on peut par venir à dévoiler entièrement un fait et ses conséquences déduites de la nature des choses. La nature des choses, à son tour, est connue par l'expérience et l'analyse : c'est là qu'est la source des véritables progrès de cette science.

Dans le sujet qui nous occupe, le fait est, selon moi, qu'il y a dans du blé une utilité que l'industrie, sans le concours d'un champ, ne parviendrait jamais à créer. En vendant du blé à un consommateur, on ne lève donc pas un tribut gratuit sur sa bourse : on lui livre, pour son argent, une utilité dont une partie tout au moins est due à la coopération du sol. De vrai, si le champ n'appartenait à personne, et si le fermier ne payait aucun loyer, cette utilité serait livrée gratuitement au consommateur ; mais cette supposition ne saurait représenter un cas réel ; car un cultivateur se battrait avec un autre pour labourer un champ qui n'aurait point de propriétaire, et le champ resterait en friche. Le blé serait encore plus cher ; il serait infiniment cher, car on n'en aurait du tout. Le propriétaire rend donc un service, puisqu'il concourt à ce que nous ayons du blé. Son service est commode pour lui, j'en conviens ; mais nous ne pouvons pas nous en passer.

Reste à savoir ce qui détermine le prix que l'on met à ce service. Je pense que c'est la quantité de blé que le public demande, proportionnellement avec la quantité qu'on en peut faire. Après l'utilité du blé, qu'est-ce qui multiplie cette demande ? c'est incontestablement la quantité des autres produits que fournit la société. Le propriétaire d'un pays désert ne trouvera point de cultivateur qui consente à lui payer un fermage pour avoir la permission d'exploiter sa terre. Si la société produit beaucoup, au contraire, elle offrira, pour avoir un boisseau de blé, *plus* de produits, *plus* de valeurs que n'en *coûtent les travaux de sa production*. De là, dans le blé, cet excédant de valeur qui, dans une société populeuse et productive, donne naissance au fermage.

Si c'est ainsi que la chose se passe, si elle ne peut pas se passer autrement, à quoi servent les controverses ? (*Note de l'Auteur*).

proportion du revenu qu'elle reçoit.

Un même revenu a-t-il le même effet dans toutes les classes indifféremment ?

Non : dans les classes où chaque personne a plus de besoins, une certaine valeur fait subsister moins de personnes.

Pourquoi dans chaque classe y a-t-il toujours autant d'individus qu'il peut s'en entretenir ?

Parce que les hommes, de même que toutes les espèces animales, et mêmes les plantes, ont beaucoup plus de facilité à propager leur être qu'à le faire subsister.

Les denrées alimentaires ne sont-elles pas plus nécessaires pour maintenir la population que les autres produits ?

Les plus nécessaires sont celles auxquelles la population met le plus haut prix ; et comme c'est la production de chacun qui lui permet de mettre un prix aux choses dont il a besoin, on peut dire qu'en général la population est en proportion de la production.

Qu'arrive-t-il quand le nombre des naissances amasse dans un pays plus d'individus que l'état de la production n'en comporte.

La population dépérit, principalement les individus faibles des classes indigentes : les enfants, les vieillards, les infirmes. Ceux qui ne meurent pas d'un défaut positif de nourriture, périssent faute d'une nourriture suffisamment saine ; faute de médicaments dans une maladie, fauté de propreté, faute de repos, faute d'un logement sec et chaud, faute des soins dont on ne peut se passer dans les infirmités et dans la vieillesse. Au moment où il leur serait nécessaire de jouir de l'un de ces biens, et qu'ils ne peuvent y atteindre, ils languissent plus ou moins longtemps, et succombent au premier choc.

Les guerres, les épidémies ne nuisent-elles pas à la population ?

Elles la réduisent passagèrement ; mais l'expérience a démontré qu'à la suite d'un fléau qui a emporté un grand nombre de personnes, la population se rétablit très-promptement dans sa proportion ordinaire avec la production du pays [1].

Quelle conclusion tirez vous de ces faits ?

Qu'il n'y a aucun autre moyen d'augmenter la population que de favoriser la production. Encourager au mariage, honorer la fécondité, c'est encourager la misère. Le difficile n'est pas de multiplier les enfants, c'est de les élever.

Qu'est-ce qui détermine la quantité d'habitants qui peuplent un certain canton, une certaine ville ?

C'est le même principe : la somme des produits. Une ville ne produit pas de denrées alimentaires, mais elle peut acheter des denrées alimentaires, en proportion de la valeur de ses autres produits.

Une nombreuse population est-elle un avantage pour un pays ?

Oui, quand cette population possède les moyens de subsister avec aisance : c'est-à-dire de l'industrie et des capitaux. Sans cela, elle est un fardeau.

---

1 Il résulte de ce fait que les spécifiques, les préservatifs, comme la vaccine, n'exercent aucune influence sur le nombre des êtres humains dont les nations se composent. Mais ces moyens de conserver ou de rendre la santé influent d'une manière très-favorable sur le sort de l'espèce humaine. Quand les êtres humains sont moissonnés par un fléau, leur place est bientôt remplie, mais ce n'est pas sans qu'il y ait beaucoup de souffrances endurées et par ceux qui survivent, et par ceux qui périssent, et par ceux qui doivent les remplacer. Une population qui n'est entretenue que par dés naissances nouvelles, présente, toute proportion gardée, moins d'hommes faits : elle est moins virile ; en même temps elle est plus pauvre, car un homme fait est un capital accumulé, qui rend un profit ; tandis qu'un enfant n'est qu'une charge qui absorbe des profits pendant de nombreuses années, au lieu d'en donner. (Note de l'Auteur.)

Quel avantage procurent à un pays des hommes qui y arrivent du dehors avec des capitaux et de l'industrie ?

C'est un nouveau commerce qui s'ouvre. Par la demande qu'ils font aux anciens habitants de leurs produits, ils leur procurent de nouveaux profits ; et par les objets qu'ils créent et donnent en échange, ils leur procurent de nouvelles jouissances.

Un pays peut-il empêcher que ces citoyens n'aillent dans l'étranger et n'y emportent leur fortune ?

En supposant que l'on veuille violer le droit que tout homme a sur sa personne et sur ses biens, on peut détenir l'une et confisquer les autres ; il n'y a aucun moyen d'empêcher qu'ils n'aillent à l'étranger ainsi que leurs capitaux.

En prohibant la sortie de l'or et de l'argent, n'empêche-t-on pas les fortunes de sortir du pays ?

Nullement ; car une fortune se compose de valeurs, et l'on peut faire sortir des valeurs sous la forme de certaines marchandises, si la sortie des autres est prohibée.

Mais celui qui fait sortir une marchandise ne fait-il pas moins de tort au pays que celui qui fait sortir de l'argent ?

Le tort est pareil dans les deux cas ; il est proportionné à la valeur, et non à la nature de la marchandise ; il provient, non de ce qu'une valeur sort du pays, mais de ce qu'il n'en rentre aucune autre en échange, comme il arrive dans les opérations du commerce.

Cependant celui qui fait sortir une marchandise l'a payée auparavant.

C'est vrai ; mais celui qui fait sortir de l'argent l'a payé de même ; il n'emporte le bien de personne.

Jean-Baptiste Say

Quelle est la population la plus avancée dans la civilisation ?

C'est celle qui produit et qui consomme le plus.

Pourquoi est-elle plus avancée ?

Parce que l'existence de chaque individu y est alors plus considérable, plus complète.

Chapitre XXIV
De la Consommation en général.

Qu'est-ce que consommer ?

C'est détruire l'utilité qui est dans un produit, et par là lui ôter la valeur que cette utilité lui donnait.

Donnez-moi l'exemple de quelques consommations.

Consommer des vivres, ce n'est pas détruire la matière dont se composaient les vivres, car il n'est pas au pouvoir de l'homme de détruire de la matière : c'est détruire ce qui faisait l'utilité de cette matière, la propriété qu'elle avait de servir d'aliment.

Consommer un habit, ce n'est pas détruire cet habit, car les parcelles qui s'en sont détachées à mesure qu'il à été usé, ont été répandues dans l'univers et subsistent encore quelque part ; mais c'est détruire toute l'utilité qui se trouvait dans l'habit ; de manière que, ne pouvant plus être bon pour personne, personne ne consent à offrir aucun autre produit pour en devenir possesseur.

Une consommation se mesure-t-elle sur le poids, le nombre ou la grandeur des objets consommés ?

Non : de même que la production se mesure par la valeur des choses produites, la consommation se mesure par la valeur des choses consommées. Une grande consommation est celle qui détruit une grande valeur, quels que soient les objets où cette valeur réside. Lorsqu'on fait usage d'objets qui n'ont point de valeur, comme des cailloux, de l'eau, etc., la consommation est nulle.

Y a-t-il des objets ayant une valeur qui ne soient pas susceptibles d'être consommés ?

L'homme ne peut ôter aux choses que la valeur qu'il leur a donnée lorsqu'il en a fait des produits. Ainsi il peut consommer en totalité une valeur capitale, en consommant, sans reproduction, les produits dont la valeur était employée à faire des avances à la production ; mais il ne peut pas consommer le fonds d'un champ de blé, qui est une valeur que la nature a donnée gratuitement à son premier propriétaire [1].

N'y a-t-il pas des produits qui ne sont pas susceptibles d'être consommés ?

Non, mais il y a de grandes différences dans la rapidité avec laquelle ils sont consommés La consommation d'une pêche est plus prompte que celle d'une bougie ; celle d'une bougie plus rapide que celle d'un cheval ; une maison sert plus longtemps qu'un cheval, mais elle s'use plus vite qu'un diamant. La valeur des objets qui durent très-longtemps, comme celle de la vaisselle d'argent, passe pour une valeur capitale, parce qu'elle se trouve presque aussi grande à la fin de l'année qu'au commencement, et qu'elle se perpétue comme un capital, mais non par le même moyen ; car un capital se perpétue parce que sa valeur se reproduit à mesure qu'elle est consommée, et la vaisselle d'argent se perpétue parce qu'elle ne s'use pas.

Peut-on consommer deux fois le même produit ?

Non ; car une valeur une fois détruite ne saurait être détruite de nouveau ; il faut qu'il ait une nouvelle production pour qu'il y ait une nouvelle consommation ; mais un produit peut être consommé en partie, puisqu'on peut détruire une portion seulement de sa valeur. Lors qu'après avoir porté un habit qui valait cent francs, on peut encore le revendre cinquante francs, on a consommé la moitié de sa valeur.

---

1 La valeur des bâtiments, des améliorations ajoutées à un fonds de terre, est ici distinguée de la valeur du fonds. La première est une valeur capitale qui se consomme, qui peut se détruire entièrement, et qui finirait toujours par être détruite, si elle n'était pas entretenue par des réparations qui sont des épargnes. Quant à la valeur du fonds, elle ne peut se consommer. (*Note de l'Auteur.*)

Chapitre XXIV

Qu'entendez-vous par les consommations privées ?

Ce sont les destructions de valeur qui ont pour objet de satisfaire aux besoins des particuliers et des familles.

Et par les consommations publiques ?

Celles qui ont pour objet de satisfaire aux besoins communs d'une ville, d'une province, d'une nation.

La réunion des consommations privées et publiques fait la consommation nationale qui comprend tout ce qui est consommé par une nation, soit pour l'usage du public, soit pour l'usage des particuliers.

Les consommations privées ou publiques sont-elles de même nature ?

On consomme différents objets pour le public et pour les familles : pour le public, des munitions de guerre, des édifices publics ; pour les familles, des logements, des vêtements et des vivres ; mais quant à la nature et aux effets des deux consommations, ils sont absolument pareils. On consomme, dans les deux cas, des produits dont la valeur est le fruit d'une production, valeur qui se trouve détruite par l'usage qu'on en fait.

Qu'est-ce que la consommation annuelle ?

La consommation annuelle du public ou des particuliers est la somme des valeurs qu'ils consomment pendant le cours d'une année, soit pour satisfaire à tous leurs besoins, soit pour reproduire de nouvelles valeurs. Si les valeurs qu'ils reproduisent n'égalent pas la totalité des valeurs consommées par eux dans l'un et l'autre but, les familles et l'État s'appauvrissent ; ils s'enrichissent dans le cas contraire.

Quels sont les consommateurs d'un pays ?

C'est tout le monde ; car il n'est personne qui puisse subsister sans satisfaire aux besoins qu'exige l'état de vie. Nous consommons des valeurs dans tous les instants de notre existence, même pendant notre sommeil, puisque, dans ce temps-là même, nous consommons le lit où nous sommes étendus, le drap qui nous enveloppe, la tuile même qui nous couvre.

Chapitre XXIV

Chapitre XXV
Des résultats de la Consommation.

Quel est le premier résultat de la consommation ?

C'est la perte de valeur de l'objet consommé, et par conséquent la perte d'une portion de richesse.

Comment le possesseur de l'objet consommé est-il dédommagé de ce sacrifice ?

Il en est dédommagé soit par la jouissance que procure la consommation, si elle est improductive ; soit par un nouveau produit, accompagné d'un profit, d'une augmentation de richesse, si la consommation est reproductive.

Donnez-moi des exemples de l'une et de l'autre consommation.

Quand un boulanger brûle du bois pour cuire son pain, il le consomme reproductivement, parce qu'il ajoute à son pain toute la valeur qu'il ôte à son bois. Mais le bois que nous brûlons pour nous chauffer est consommé improductivement, car il ne résulte de cette combustion aucune valeur qui remplace la valeur du bois.

Que concluez-vous de ces faits ?

Que, de même que la production peut être considérée comme un échange dans lequel nous donnons nos services productifs pour obtenir en retour un produit, la consommation peut être considérée comme un autre échange où nous donnons un produit (celui que nous perdons) pour obtenir en retour, soit une jouissance, soit un autre produit d'égale valeur.

Si la consommation reproductive ne fait que remplacer un produit par un produit d'égale valeur, quel avantage offre-t-elle ?

En même temps qu'elle remplace les produits consommés, elle distribue entre tous les producteurs des profits égaux à la valeur du nouveau produit créé [1].

Ne consomme-t-on pas autre chose que des produits ?

On peut aussi consommer productivement ou improductivement des services. Nous consommons productivement le service d'un ouvrier, lorsqu'après lui avoir payé sa journée, nous en retrouvons la valeur dans le produit qu'il a façonné par notre ordre ; et nous consommons improductivement le service d'un domestique, d'un musicien, d'un acteur qui nous amuse, parce que la dépense que nous avons faite dans ce cas n'a reparu dans aucun produit.

Avez-vous fait connaître les principaux effets de la consommation reproductive ?

Oui, tel a été l'objet de tout ce qui a précédé dans le présent catéchisme.

Ferez-vous connaître les principaux effets de la consommation

---

1 La consommation reproductive n'est pas proprement celle que l'on fait d'un capital ; c'est la consommation que l'on fait des services que l'on achète au moyen de ce capital. Les producteurs vendent le travail de leurs bras, celui de leurs instruments, et ce qu'ils tirent de cette vente compose leurs profits, qu'ils consomment improductivement, pour satisfaire leurs besoins.

La valeur capitale, ainsi aliénée et consommée, comment est-elle remplacée, comment est-elle remboursée à celui qui en a fait l'avance ? Elle est remboursée par une valeur toute nouvelle, celle des produits nés des services productifs qu'il a achetés et consommés.

C'est une des parties des plus épineuses de l'économie politique ; mais il faut absolument s'en rendre maître, sous peine de ne rien comprendre à plusieurs phénomènes sociaux. Quelques écrivains m'ont reproché d'avoir réunis sous la même dénomination, celle de *services productifs*, tous les services que rendent l'industrie humaine, les capitaux et les fonds de terre, dans l'œuvre de la production, tout comme d'avoir confondu sous le nom de *profits* le gain que l'on fait par son travail, ses capitaux ou ses terres. Mais n'est-ce pas éclaircir les questions que de montrer l'analogie de diverses causes et de divers effets entre eux ? La confusion consiste à donner le même nom, comme on ne le fait que trop souvent dans le langage commun, à des choses essentiellement différentes. Voyez la note de la page 29. (*Note de l'Auteur.*)

improductive ?

Oui ; ce sera la matière de ce qui va suivre jusqu'à la fin de cette instruction, où par conséquent le mot de *consommation*, employé seul, signifiera toujours une consommation improductive.

Tous les produits créés sont-ils nécessairement consommés ?

Ils le sont, non pas *nécessairement*, mais *ordinairement*. On en conçoit la raison : un producteur ne crée un produit qu'autant qu'il peut présumer que ce produit aura de la valeur, autrement il ne le créerait pas ; il ne ferait pas un sacrifice duquel, dans cette supposition, il ne serait pas dédommagé ; il ne ferait pas un échange pour donner sans rien recevoir. Or, qu'est-ce qui procure à ce produit de la valeur ? C'est l'envie qui existe dans un certain nombre de personnes de donner, pour le posséder, un certain prix ; et si ces personnes en donnent un prix quelconque, c'est pour le consommer ; autrement elles feraient à leur tour un sacrifice sans dédommagement ; ce qui n'est pas dans la nature humaine.

Qu'arrive-t-il quand un produit auquel on a cru donner de la valeur, n'en a point ?

Il résulte de là une perte pour celui qui s'est faussement imaginé qu'il communiquait de la valeur à un objet. C'est ce qui arrive quand on fabrique des marchandises de mauvaise qualité ou de mauvais goût, qui ne se vendent pas. Ce ne sont pas des produits ; car une chose ne mérite ce nom que lorsqu'elle vaut autant que ses frais de production.

N'y a-t-il pas des consommations qui ne reproduisent aucune valeur, qui ne satisfont aucun besoin ?

Lorsque, dans une tempête, on jette à la mer la cargaison d'un navire, lorsqu'on incendie des magasins qu'on ne veut pas laisser à l'ennemi, on opère des destructions de valeurs qu'on n'appelle pas des consommations. Ce mot semble réservé aux destructions de valeurs d'où il résulte soit une jouissance, soit une nouvelle valeur.

Que doit-on penser d'un système qui conseillerait la consommation, non pour jouir, non pour reproduire, mais pour favoriser la production ?

On doit en penser ce qu'on penserait d'un homme qui conseillerait de mettre le feu à une ville pour faire gagner les maçons. Le résultat de cette action insensée serait de nous priver du bien-être qui accompagne la consommation des richesses acquises, afin de nous procurer l'avantage de travailler pour en acquérir d'autres.

Chapitre XXV

Chapitre XXVI
Des Consommations privées.

Quelle différence faites-vous entre le mot Dépense et le mot Consommation ?

La dépense est l'achat qu'on fait d'une chose pour la consommer ; et comme la consommation est la suite de cet achat, les mots *dépense* et *consommation* sont souvent pris l'un pour l'autre.

Il convient cependant de remarquer que lorsqu'on achète un produit, on reçoit valeur pour valeur : celle d'une livre de bougie, par exemple, pour celle d'un écu, et qu'on est encore aussi riche après que l'achat est fait qu'auparavant ; seulement on possède en bougie cette portion de richesse qu'on avait en écu. On commence à perdre cette richesse lorsqu'on commence à consommer la bougie ; et ce n'est que lorsque la consommation est achevée qu'on est plus pauvre d'un écu.

Ce n'est donc pas en achetant, c'est en consommant que l'on diminue son bien, comme c'est en produisant qu'on l'augmente. Voilà pourquoi, dans les familles, le caractère et les talents économiques de la femme qui dirige la plupart des consommations du ménage, servent beaucoup à la conservation des fortunes.

Qu'observez-vous en outre au sujet des dépenses ?

Que, dans les dépenses que nous faisons, ce n'est pas la valeur de l'argent qui est perdue : l'argent est acquis par celui qui nous vend le produit, mais il n'est pas consommé ; c'est le produit acquis par nous qui est consommé, et c'est sa valeur qui est détruite. D'où il suit que la richesse des particuliers, et même la richesse du public peuvent être dissipées, même quand la somme des monnaies reste la même ; et que c'est une illusion que de s'imaginer qu'en conservant dans une ville, dans une province, dans un pays, toujours la même somme de numéraire, on y conserve toujours la même richesse. C'est, ainsi qu'un négociant serait dans l'erreur, s'il se croyait toujours aussi riche, uniquement parce que, tandis qu'il dissipe son bien, il conserve dans sa caisse toujours à peu près la même somme d'argent.

Que doit-on entendre par l'économie dans les dépenses ou dans les consommations ?

On économise, soit en consacrant à une dépense reproductive une portion de son revenu que l'on pouvait consacrer à une dépense improductive (c'est ainsi que nous avons vu que l'on forme les capitaux), soit en résistant à l'attrait d'une consommation présente, pour employer cette portion de revenu à une consommation future mieux entendue : c'est particulièrement de cette dernière économie que nous nous occupons en ce moment.

Qu'appelez-vous des consommations bien entendues ?

Ce sont celles qui procurent le plus de satisfaction en proportion du sacrifice de valeurs qu'elles occasionnent. Telles sont les consommations qui satisfont des besoins réels plutôt que des besoins factices. A égalité de valeur, des aliments sains, des vêtements propres, des logements commodes, sont des consommations mieux entendues que des aliments recherchés, des vêtements et des habitations fastueux. Il résulte plus de vraie satisfaction des premières que des autres.

Que regardez-vous encore comme des consommations bien entendues?

La consommation des produits de la meilleure qualité en tout genre, dussent-ils coûter plus cher.

Par quelle raison les regardez-vous comme des consommations bien entendues ?

Parce que le travail qui a été employé pour fabriquer une mauvaise matière sera plus vite consommé que celui qui se sera exercé sur une bonne. Quand une paire de souliers est faite avec de mauvais cuir, a façon du cordonnier, qui est usée en même temps que les souliers, ne coûte pas moins, et elle est consommée en quinze jours, au lieu de l'être en deux ou trois mois, si le cuir eût été bon. Le transport d'une mauvaise marchandise coûte autant que celui d'une bonne, et fait beaucoup moins de profit. Les nations pauvres ont, en conséquence, outre le désavantage de consommer des produits moins parfaits, celui de les payer proportionnellement plus cher.

Quelles consommations méritent encore d'être préférées ?

La consommation des objets qui s'usent lentement procure des jouissances moins vives, mais plus durables, et l'espèce de bien-être qu'on en retire contribue davantage au bonheur. Qui oserait comparer la satisfaction que procure la vue d'un feu d'artifice, avec celle que l'on peut retirer de quelques livres choisis, exactement du même prix, et dont on jouira pendant toute la durée de sa vie, qu'on laissera même à ses enfants !

N'y a-t-il pas un choix à faire entre les produits durables ?

Ceux qu'il convient de préférer sont ceux dont l'usage est fréquent, usuel. Il vaut mieux faire de la dépense pour rendre son logement commode, propre, agréable, que pour se procurer des bijoux, des parures dont la vanité pourra bien être fort satisfaite, mais seulement dans quelques rares occasions [1].

Quelle est la plus rapide de toutes les consommations ?

C'est celle que l'on fait des services personnels. Un inutile

---

1 Si dans les consommations improductives, les plus lentes sont, en général, celles qui font le plus de profit, il n'en est pas de même dans les consommations reproductives. Ici, comme la valeur est reproduite au moment de la consommation, plus celle-ci est prompte, et plus la reproduction l'est aussi. L'opération étant plus prompte, le capital est plus vite rentré, et recommence par conséquent plus tôt une nouvelle opération. Il en résulte une économie sur les frais de production, ou, ce qui revient au même, plus de produits obtenus par les mêmes services productifs. (*Note de l'Auteur.*)

laquais, si vous évaluez à douze cents francs la dépense annuelle qu'il vous cause, vous coûte autant que le service que vous rendrait un mobilier de 24,000 francs.

Les consommations faites en commun ne sont-elles pas fort économiques ?

Oui ; et c'est pour cela qu'elles conviennent aux personnes qui ont peu de fortune. Un seul cuisinier prépare le dîner de dix personnes comme celui d'une seule ; le même foyer devant lequel rôtit une pièce de viande, pourrait en rôtir quatre. Avec les mêmes frais, on peut donc être mieux traité, si l'on vit avec d'autres hommes, que vivant isolé.

Quelles sont les consommations que vous regardez comme les plus mal entendues ?

Ce sont celles qui procurent du chagrin ou des malheurs au lieu de satisfaction. Tels sont les excès de l'intempérance ; telles sont les dépenses qui provoquent le mépris ou les vengeances.

Pourquoi a-t-on fait de l'économie une vertu ?

Parce qu'il faut avoir un certain empire sur soi-même pour résister à l'attrait d'une consommation présente, en faveur d'une consommation future dont les avantages, quoique plus grands en réalité, sont éloignés, sont vagues, et ne frappent pas les sens [1].

Quelle est la qualité morale qui se manifeste le plus dans l'économie ?

C'est le jugement. Il est indispensable pour apprécier l'importance des diverses consommations, et surtout de celles que pourront

1 L'économie ne s'applique pas aux seules richesses ; l'homme peut économiser son pouvoir, son crédit, son temps, sa santé, comme ses richesses. Relativement à tous ces biens, l'économie consiste à ne pas sacrifier l'avenir au présent, à deviner quand le cours ordinaire des choses doit amener des circonstances où nous recueillerons de ce que nous aurons économisé plus d'avantages que nous n'en pouvons recueillir en le consommant au moment même.

réclamer des besoins futurs toujours plus ou moins incertains.

Quelle est la faute où l'on tombe quand on attribue trop d'importance à des besoins futurs et incertains ?

Dans l'avarice ; et lorsqu'on ne leur attribue pas assez d'importance on tombe dans la prodigalité.

Lequel fait le plus de tort à la société de l'avare ou du prodigue ?

C'est le prodigue : parce qu'après avoir dépensé tout son revenu, il ne peut vivre que sur son capital, et qu'un capital ne saurait être dépensé improductivement sans ôter un revenu à celui qui en était possesseur, de même qu'aux industrieux dont il mettait le travail en activité.

La consommation n'est-elle pas cependant favorable à la richesse des nations, en provoquant la production ?

La consommation ne saurait augmenter les richesses d'une nation, à moins de provoquer la production d'une valeur plus grande que la valeur consommée ; car ce ne peut être en détruisant de la richesse que l'on augmente la quantité des richesses. Mais comme la consommation est accompagnée d'un dédommagement, et que si l'on y perd une valeur on y gagne une satisfaction, toutes les consommations bien entendues, qui provoquent la création d'un nouveau produit, sont favorables, en ce qu'elles multiplient les satisfactions éprouvées dans la société. Un peuple qui consomme beaucoup et qui reproduit de même a plus de vie, il jouit d'une existence plus développée et d'une civilisation plus complète.

Sous ce rapport l'épargne n'est-elle pas un mal ?

L'épargne, lorsqu'elle n'est qu'une consommation différée, ne retarde que de bien peu l'activité de la consommation ; et quant à l'épargne qui a pour objet l'augmentation des capitaux reproductifs, elle entraîne une consommation, puisqu'un capital ne peut être employé reproductivement qu'à des achats de matériaux ou de travail pour les consommer.

N'y a-t-il pas un autre avantage dans cette dernière épargne, outre qu'elle-même est une consommation ?

Oui, car ce n'est pas une consommation faite une fois pour toutes : c'est une consommation qui se répète aussi souvent que le capital est remboursé par l'effet de la production.

Éclaircissez cela par un exemple.

Si, pour illuminer de fêtes, j'achète pour 1,000 francs d'huile sur mon revenu de cette année, je ne retrouverai plus ces 1,000 francs, et, par conséquent, je ne pourrai pas les dépenser une seconde fois ; mais si j'emploie cette somme à éclairer des ateliers, elle sera dépensée tout de même, elle aura de même provoqué une nouvelle production d'huile ; et je pourrai dépenser une seconde fois la même somme, car elle me sera remboursée par le produit qui sortira des ateliers.

La consommation reproductive n'a-t-elle pas un autre avantage ?

Elle en a un très-grand, celui de mettre des producteurs en état de tirer parti de leurs services productifs. Dans le cas où 1,000 francs d'huile auront servi à éclairer des ateliers, outre que cette valeur sera reproduite, elle le sera avec profit. Je gagnerai à cette reproduction l'intérêt de mon capital, et les travailleurs y gagneront le salaire de leurs peines.

Chapitre XXVII
Des Consommations publiques.

Quel est le but des consommations publiques ?

De satisfaire des besoins communs à plusieurs citoyens ou à plusieurs familles.

Quels objets consomme-t-on dans ce but ?

Des armes, des munitions pour les armées ; des provisions, des médicaments pour les hôpitaux ; mais principalement les services de plusieurs classes nombreuses d'hommes qui dirigent les affaires publiques : administrateurs, juges, militaires, prêtres, qui font leur profession de servir les peuples.

Qu'entendez-vous par consommer le service de ces diverses classes ?

Leurs travaux, tant intellectuels que manuels, ont une valeur que le public paie et qu'il consomme parce qu'il en jouit ; et cette consommation a l'effet de toutes les autres ; elle détruit la valeur achetée et payée, en ce qu'un service payé et consommé ne peut plus être employé de nouveau ; il faut qu'un nouveau service soit rendu pour qu'on en puisse tirer un nouvel avantage.

Est-ce le public qui consomme le service des fonctionnaires publics ?

C'est le public, ou du moins c'est dans l'intérêt du public que ce service est consommé ; et les fonctionnaires publics consomment, pour leur usage particulier, les valeurs qu'en échange de leurs services ils reçoivent du public.

Il y a donc là dedans une double consommation ?

Oui, de même qu'à la suite de tous les échanges ; mais, dans ce cas-ci, l'un des deux produits échangés est un produit immatériel (celui du fonctionnaire public), et par conséquent il se trouve consommé à mesure que le service est rendu [1].

Qu'en concluez-vous ?

Que, bien que les fonctionnaires publics soient des travailleurs productifs lorsqu'ils rendent de véritables services, leur multiplicité n'augmente en rien la richesse nationale. L'utilité qu'ils produisent est détruite à mesure qu'elle est produite, comme celle qui résulte pour le particulier du travail des médecins et des autres producteurs de produits immatériels.

Qui est-ce qui décide de l'utilité du service des fonctionnaires publics, et du prix qu'il convient d'y mettre ?

Ce ne peut être, comme dans les autres consommations, le consommateur lui-même ; car ici le consommateur est le public, c'est-à-dire un être composé d'une multitude d'individus, et qui ne peut, en général, exprimer ses besoins et ses volontés que par des fondés de pouvoirs [2].

1 On demande par qui se trouve consommé le service d'un commis qui se rend dans un des bureaux du ministère, et qui en sort sans avoir fait le moindre acte utile pour le public ? Ce commis est précisément dans le cas d'un réverbère qui brûle dans un chemin que personne n'a parcouru. Il n'a pas été utile, mais il fallait qu'il fût là pour servir au moment où son service pouvait devenir nécessaire. Un soldat en védette est utile, même lorsque l'ennemi ne paraît pas. C'est aussi l'utilité d'une armée permanente en temps de paix. Une nation dont les intérêts sont convenablement soignés, ne se met pas dans le cas de recourir souvent à une utilité éventuelle qui coûte aussi cher qu'une utilité positive. (*Note de l'Auteur.*)

2 Dans plusieurs pays, le public lui-même nomme, par des élections, les principaux fonctionnaires qui soignent ses intérêts, et là où le public est éclairé, il doit être mieux servi par des fonctionnaires ainsi choisis, que s'ils étaient nommés par un prince ou par une caste privilégiée. Quand ces élections sont fréquemment renouvelées, et que les fonctionnaires peuvent être réélus, ceux-ci ont un intérêt direct à bien remplir leurs devoirs, afin de rester en place. Quand le public n'est pas éclairé, il n'est pas un bon juge des qualités qui méritent sa confiance, il cède à la brigue ou aux menaces, il écoute ses passions préférablement à ses intérêts qu'il connaît mal, et ses choix ne sont pas bons. Il en est de même, au reste, des consommations privées, où le public est d'autant mieux servi, qu'il se connaît mieux aux choses dont il a besoin. On en peut conclure, généralement parlant, que la somme du bonheur est d'autant plus grande que les

Par qui sont institués ces fondés de pouvoirs ?

Par la constitution politique de l'État dont l'examen n'est pas de notre sujet. Nous pouvons seulement remarquer que la constitution politique est meilleure là où le même avantage est acquis au public, au moyen des moindres sacrifices.

Quel est le principal avantage qu'une nation puisse retirer de ses dépenses publiques ?

La sûreté des personnes et des propriétés, parce que sans cela il n'existe pas de société.

Quelles sont les dépenses qui pourvoient à cette sûreté ?

Ce sont les dépenses relatives aux forces de terre et de mer destinées à repousser les attaques des ennemis du dehors ; les dépenses des tribunaux criminels qui répriment les attentats coupables des particuliers, et celles des tribunaux civils qui repoussent les prétentions injustes qu'un citoyen peut élever contre les droits et les propriétés d'un autre citoyen.

Quel avantage retire le public des dépenses relatives à l'instruction publique ?

L'instruction, en adoucissant les mœurs, rend plus douces les relations des hommes antre eux ; en nous apprenant quels sont nos vrais intérêts, elle nous montre ce que nous devons rechercher ou fuir ; elle donne de l'ascendant à la raison sur la force ; elle enseigne à respecter les droits d'autrui, en éclairant chacun en particulier sur les siens ; enfin, par son influence sur la production des richesses, elle est favorable à la prospérité publique dont chaque famille prend

---

nations sont plus éclairées : aussi le vœu des amis du bien publie est qu'elles le soient. Les hommes dont les avantages particuliers sont en opposition avec les intérêts du plus grand nombre, désirent, par la raison du contraire, que les lumières ne se répandent pas. (*Note de l'Auteur.*)

Jean-Baptiste Say

sa part [1].

Est-il nécessaire que toute espèce d'instruction soit donnée aux dépens du public ?

Nullement : les particuliers ont soin d'acquérir à leurs frais celle qui peut leur être utile dans les fonctions sociales qu'ils sont appelés à remplir ; cependant, la classe qui ne vit que de son travail manuel, ne pouvant donner à ses enfants la première instruction (celle qui enseigne à lire, à écrire et à compter), et la société étant intéressée à ce que cette classe soit civilisée, il lui convient, dans bien des cas, de fournir à ses frais cette première instruction [2].

1 Ce qui est dit ici relativement à l'instruction publique ne doit s'entendre que d'une véritable instruction, de celle qui enseigne des faits positifs, qui fait connaître la vraie nature de chaque chose, et la liaison constatée des causes avec leurs effets. Tout enseignement fondé sur une autre base que l'expérience, tout enseignement où, comme dans l'ancienne école, on s'occupe des mots plutôt que des choses, et des formes de l'argumentation plutôt que de la recherche de la vérité, n'étant propre qu'à dépraver l'entendement et le bon sens d'un peuple, est funeste à la société, et tend à la barbarie.
2 L'instruction première dont le texte fait sentir les avantages, peut maintenant être donnée à très-peu de frais par la méthode expéditive qu'on a mise en usage avec beaucoup de succès dans l'enseignement mutuel ; mais cette première instruction est peut-être encore le moindre des bienfaits que les nations recueilleront de cet enseignement. Ce qu'on n'a pas assez remarqué, c'est son heureuse influence sur le habitudes morales les plus utiles à la société.
Dans la méthode qui lui sert de base, il est impossible à l'écolier paresseux et incapable d'y obtenir de l'avancement : et il n'est pas moins impossible que le plus laborieux, le plus instruit, n'y devienne pas le premier de ses confrères. Les élèves s'y forment à l'utile vertu de se rendre justice à eux-mêmes, de la rendre aux autres, et de ne compter que sur leur mérite pour parvenir.
Dans les vieilles écoles, où l'on ne sait fixer l'attention des enfants que par des menaces et des punitions, le talent dont ils tirent le plus d'avantages est celui de flatter leur pédagogue ; leurs principaux efforts tendent moins à être véritablement sages et instruits qu'à le paraître. De là des habitudes d'hypocrisie et de bassesse. On dégrade leurs sentiments pour augmenter leur instruction ; et quelle instruction ! Dans les nouvelles écoles, actifs, gais, intelligents, ils apprennent à employer tous leurs moments ; l'oisiveté, mère des vices, leur est insupportable ; lorsqu'ils grandissent, ils trouvent aisément une profession, et les tribunaux n'entendent jamais parler d'eux.
Les écoles d'enseignement mutuel étant propres à favoriser le développement de l'esprit humain et à diminuer l'influence du sacerdoce, doivent être odieuses aux prêtres, qui les ont fait supprimer partout où les hommes en pouvoir se laissent diriger par eux. (*Notes de l'Auteur.*)

N'y a-t-il pas quelque autre genre de connaissances qu'il importe aux nations de protéger spécialement ?

Les hautes connaissances, par la nature des choses, ne rapportant pas à ceux qui les cultivent un revenu proportionné aux services qu'elles peuvent rendre à la société, il importe peut-être aux nations d'en favoriser les progrès dans quelques écoles spéciales [1].

Quel avantage le public se flatte-t-il d'obtenir en salariant un corps de prêtres ?

Il se flatte de trouver en eux des personnes désintéressées qui prêchent la vertu par leurs paroles et par leur exemple ; qui exhortent les hommes à l'indulgence les uns envers les autres, et les consolent dans leurs adversités.

Quels avantages une nation retire-t-elle des établissements de bienfaisance, tels que les hospices, les hôpitaux ?

C'est déjà une satisfaction et un honneur que de venir au secours de l'humanité souffrante ; mais de plus il faut considérer les hospices qui admettent la vieillesse et l'enfance dénuées d'appui, et les hôpitaux ouverts aux malades indigents, comme des maisons au maintien desquelles on contribue quand on est dans un état d'aisance, pour les trouver au besoin dans les moments de détresse.

1   Ces mots, *hautes connaissances*, me semblent devoir être entendus de ces connaissances, qui ne peuvent être acquises que par les hommes qui se consacrent tout entiers à leur étude. Elles ont très-peu d'applications utiles aux usages de la société, et je ne sache pas qu'elle ait jamais recueilli aucun avantage d'une équation du 5° degré. Ce sont, au contraire, les éléments des sciences qui sont utiles : la théorie du levier, celle du plan incliné servent à chaque instant, et ont singulièrement contribué au bonheur des hommes. Cependant, comme les éléments doivent concorder avec les notions les plus relevées, il est avantageux que ces dernières soient toujours étudiées par quelques hommes ; mais il n'est pas besoin que le nombre en soit grand : il semble devoir se borner à ceux qu'une disposition particulière appelle évidemment à les recueillir Des écoles où l'on instruirait chaque année, à grands frais, plusieurs centaines de jeunes gens dans les mathématiques transcendantes, seraient des superfétations dans l'instruction publique. Elles feraient souvent le tourment de la jeunesse, causeraient la perte d'un temps précieux, altéreraient peut-être, en les fatiguant, les autres facultés de l'esprit, et seraient fort peu utiles aux individus comme à la société. (*Note de l'Auteur.*)

Il faut seulement prendre de suffisantes précautions pour que ces établissements ne favorisent pas le développement de la classe indigente, et ne multiplient pas les besoins en même temps que les secours.

Quels sont les avantages que les nations retirent des travaux et des édifices publics ?

Les uns, comme les grandes routés, les ponts, les ports, facilitent les communications, les rapports des hommes entre eux, et développent tous les avantages qui résultent de ces rapports, avantages que je vous ai fait remarquer en plusieurs endroits de cette instruction.

D'autres établissements publics, tels, que les embellissements des villes, les promenades publiques, sont favorables à la santé des citoyens, ajoutent aux douceurs de leur existence et les entourent d'objets riants et agréables qui contribuent à leur bonheur. Quant aux monuments purement de luxe, ils flattent la vanité nationale, et sous ce rapport on ne peut nier qu'ils ne soient productifs de quelques plaisirs ; mais ce qui flatte le plus la vanité d'un peuple judicieux et éclairé, c'est de montrer que chez lui rien n'est négligé de ce qui est utile, et qu'il met la commodité et la propreté fort au-dessus du faste.

En quoi consiste l'économie de ceux qui gouvernent et administrent les nations ?

Elle consiste à renoncer pour le pays à ces avantages qui coûtent plus qu'ils ne valent, à obtenir ceux qui sont précieux aux meilleures conditions possibles, et surtout à ne point employer les deniers publics au détriment du public et au profit des intérêts particuliers.

Chapitre XXVIII
Des Propriétés publiques et des Impôts [1].

D'où viennent les valeurs qui se consomment pour l'avantage du public ?

Elles proviennent, soit des revenus que rendent les propriétés qui appartiennent au public, soit des impôts.

Les propriétés publiques sont-elles des propriétés appartenant la nation tout entière ?

Quelquefois elles appartiennent à la nation tout entière ; d'autres fois .à une partie de la nation, à une province, à une ville [2].

En quoi consistent, pour l'ordinaire, ces propriétés ?

Ce sont ou des capitaux ou des biens-fonds, mais le plus souvent des biens-fonds, terres, maisons, usines, que le gouvernement ou les communes donnent à bail, et dont ils consomment le revenu pour l'avantage du public. Quand ce sont des forêts, on en vend la coupe annuelle [3].

---

1 Le mot de *contributions*, dont l'idée suppose quelque chose de volontaire, est préféré quand on parle des pays où de véritables représentants de la nation, nommés par elle et identifiés avec tous ses intérêts, consentent les charges publiques, comme lorsqu'il est question des Etats-Unis, etc. Mais le mot d'*impôt* convient aux pays gouvernés despotiquement, où les charges publiques sont un tribut imposé par le prince, comme en Turquie, en Autriche, etc. La même expression peut convenir aussi aux pays qui n'ont qu'une représentation fictive, dont la majorité est nommée en réalité par des grands ou des privilégiés, comme l'Angleterre.

2 Les propriétés publiques qui appartiennent à des portions de la nation, comme celles des provinces, des villes, ne sont jamais administrées toléra que par les autorités locales qui, plus près des regards de leurs administrés, sont plus facilement contenues par le frein salutaire de l'opinion publique. (*Notes de l'Auteur.*)

3 Il y a même des publicistes qui pensent que c'est un malheur pour les nations que de posséder de grands domaines, parce que les revenus en sont nécessairement administrés par les gouvernements, ce qui les rend trop indépendants des peuples, et que des revenus considérables et assurés mettent le pouvoir en état de former de grandes entreprises, qui sont presque toujours de grandes calamités. Mais ces considérations sortent des

Qui est-ce qui paie les impôts ?

Ce sont les particuliers que, sous ce rapport, on nomme contribuables.

En quelles valeurs se paie l'impôt ?

Ordinairement en monnaie du pays ; mais quelquefois aussi en nature, c'est-à-dire en produits ou bien en corvée où le contribuable fournit son service personnel ou celui de ses gens et de ses bestiaux. De toutes manières, l'impôt se mesure sur ce qu'il coûte au contribuable et non sur ce qu'il rend au gouvernement.

Dites-m'en la raison.

Parce que la perte que le gouvernement peut faire sur les valeurs dont il impose le sacrifice au contribuable ne diminue pas l'étendue de ce sacrifice. Si un gouvernement force des cultivateurs à faire des corvées qui les obligent de négliger leurs récoltes, et qu'il en résulte pour eux, outre la perte de leurs journées évaluées à 50 francs, une autre perte de 50 francs pour le dommage qu'ils éprouvent, ils paient réellement une contribution de 100 francs. Et si, au moyen de cet impôt, le gouvernement exécute un travail qui aurait pu être exécuté par entreprise pour 30 francs, il est constant que le gouvernement, dans ce cas, a levé un impôt de 100 francs, et qu'il n'a reçu qu'une valeur de 30 francs. C'est comme s'il avait consommé, sans avantage pour le public, une valeur de 70 francs.

Sur quelles valeurs se prélèvent les valeurs payées par les contribuables ?

Sur les profits qu'ils tirent de leur industrie, de leurs capitaux et de leurs terres. C'est une portion de leurs revenus que les contribuables ne consomment pas, et qui est transportée au gouvernement, pour être consommée par lui dans l'intérêt du public. Ainsi, quand

questions économiques (les seules qui nous occupent en ce moment) pour entrer dans les questions politiques. (*Note de l'Auteur.*)

Chapitre XXVIII

on parle des revenus d'une nation, si aux revenus gagnés par les particuliers on ajoutait le montant des impôts, on compterait cette dernière somme deux fois.

Avec quoi les particuliers paient-ils l'impôt quand leurs revenus ne suffisent pas à leurs dépenses et à cette charge ?

Avec une partie de leurs capitaux ; ce qui attaque une des sources de la production. Ce malheur arrive surtout dans les pays où l'impôt est excessif ; et s'il n'entraîne pas le déclin total du pays, c'est parce que les accumulations faites par certains particuliers balancent ou surpassent la déperdition éprouvée par certains capitaux.

Comment est fixée la quote-part de chacun dans la contribution commune ?

Lorsqu'elle n'est pas fixée arbitrairement, on établit de certaines règles pour parvenir à faire contribuer chaque chef de famille proportionnellement à ses revenus.

Suffit-il, pour que l'impôt soit équitable, qu'il se trouve réparti dans une égale proportion sur chaque revenu ?

Non : un impôt qui s'élèverait au cinquième des revenus, et qui ferait payer 60 francs à un revenu de 300 francs, serait une charge infiniment plus lourde pour ce revenu que les 6000 francs que le même impôt ferait payer à un revenu de 30,000 francs..

Comment connaît-on les revenus des particuliers pour les imposer ?

Si l'intérêt personnel ne portait pas les hommes à déguiser la vérité, il suffirait de demander à chacun ce qu'il gagne annuellement par son industrie, ses capitaux et ses terres ; on aurait la meilleure base de l'impôt : on lui demanderait une part quelconque de son revenu ; ce serait l'impôt le plus équitable, le moins lourd, et celui dont le recouvrement coûterait le moins.

A défaut de ce moyen, quels sont ceux que l'on emploie pour faire contribuer les particuliers, autant qu'on le peut, en proportion de leurs revenus ?

On juge des revenus des propriétaires fonciers d'après la valeur locative de leurs terres, c'est-à-dire d'après le prix qu'elles se louent ou qu'elles pourraient se louer : de là la contribution foncière. On juge du revenu de ceux dont les revenus se fondent sur l'intérêt de leurs capitaux ou les profits de leur industrie, d'après la nature de leur commerce, l'importance de leur loyer, le nombre des portes et des fenêtres qui se trouvent à leur maison : de là les patentes, la contribution personnelle et mobilière, l'impôt des portes et fenêtres.

C'est ce qu'on appelle en France les contributions directes, parce qu'on les demande directement et nominativement à chaque particulier.

N'impose-t-on pas d'autres charges sur les revenus ?

Oui ; l'on suppose que chacun fait des consommations proportionnées à ses revenus ; et l'on fait payer les producteurs de certaines marchandises, présumant que le prix de la marchandise augmentera d'autant, et que cette contribution retombera sur ses consommateurs.

Dans quelles occasions fait-on payer les producteurs de ces marchandises ?

Tantôt c'est au moment de leur première extraction, comme on fait en France pour l'impôt sur le sel ; au Mexique et au Pérou, pour l'impôt sur l'or et l'argent ; tantôt c'est au moment où les marchandises viennent de l'étranger : d'où résultent les droits de douanes ; ou bien de la campagne dans les villes : d'où résulte en France l'octroi ; tan tôt c'est au moment où la marchandise est vendue au consommateur, comme lorsqu'on fait payer les droits sur les boissons, sur les billets de spectacles, sur les voitures publiques, sur les funérailles.

C'est ce qu'on nomme en France les contributions indirectes, parce qu'elles ne sont pas directement demandées à ceux sur qui l'on suppose qu'elles retombent.

N'y a-t-il pas d'autres manières d'atteindre les revenus des consommateurs ?

Le gouvernement se réserve quelquefois l'exercice exclusif d'une certaine industrie, et à l'aide du monopole en fait payer les produits beaucoup au delà de ce qu'ils lui coûtent de frais de production, comme quand il s'attribue la fabrication exclusive et la vente du tabac, ou bien le transport des lettres par la poste. Dans ce dernier cas, l'impôt n'est pas égal à la totalité des ports de lettres, mais seulement à la partie de ce port qui excède ce qu'il coûterait si ce service était abandonné à une libre concurrence.

Ne saisit-on pas d'autres occasions encore de lever des contributions sur les facultés des contribuables ?

Oui : on lève des droits sur certaines transactions qui se répètent souvent dans une société industrieuse et riche. On fait payer un droit d'enregistrement sur les ventes, les baux, les successions, les contrats, les actes des procédures, un droit de timbre sur les effets de commerce, les quittances, etc.

Les gouvernements trouvent même des profits dans des loteries, des maisons de jeux, et d'autres lieux où il n'y a aucune valeur produite, et où, par conséquent, l'impôt ne fait qu'aggraver les pertes qu'on y éprouve [1].

Qu'est-ce que les frais de recouvrement ?

Les frais de recouvrement ou de perception se composent de ce

1 Ceci a été écrit avant la suppression de la loterie en France.

Jean-Baptiste Say

que l'on accorde aux receveurs, aux administrations, aux régies, aux fermiers généraux, chargés de faire payer les contribuables. Ces frais sont une charge pour les nations, sans procurer aucun des avantages qui devraient être le dédommagement du sacrifice de l'impôt [1].

---

1 Lorsque les intérêts nationaux sont mal défendus, l'économie dans les frais de recouvrement n'est point une diminution de charge pour les peuples. Il n'est pas un seul pays en Europe où l'on ait autant simplifié la perception des impôts, et où elle coûte aussi peu qu'en Angleterre ; mais chacune des économies de ce genre n'a servi dans ce pays qu'à multiplier les dépenses du gouvernement, et non à diminuer le fardeau des contributions.

Il est à remarquer que le budget ou l'état des dépenses est le seul où l'intérêt de la nation soit opposé à l'intérêt des fonctionnaires publics ; car plus ces derniers reçoivent, et plus il faut que les contribuables déboursent. Mais, pour ce qui est du budget des recettes, les intérêts des fonctionnaires se confondent avec ceux des contribuables. Le peuple doit désirer que l'on préfère les impôts qui altèrent aussi peu que possible les sources de la production, parce que c'est la production qui subvient aux besoins des familles : l'administration doit le désirer également, parce que, plus les revenus des particuliers sont considérables, plus les rentrées du trésor sont abondantes. Le peuple désire qu'on fasse choix des impôts qui pèsent le moins sur le contribuable : l'administration forme le même souhait ; car ce sont ces impôts-là dont la recette souffre le moins de difficultés. Le peuple désire que chaque impôt, en particulier, soit également réparti : l'administration ne le désire pas moins ; car ce sont les impôts équitablement répartis qui offrent le moins de non-valeurs, et dont la recette va aussi loin qu'elle peut aller. Tous les intérêts sont semblables en ce qui regarde les meilleurs moyens de recevoir ; ils sont trop souvent opposés dans ce qui concerne le choix des dépenses. Aussi est-ce par la nature des dépenses publiques que l'on peut connaître si une nation est représentée ou si elle ne l'est pas, si elle est bien administrée ou ne l'est pas.

Par une suite nécessaire, le contrôle de chaque dépense de détail, de chaque dépense imprévue qui n'a pas été autorisée d'avance par les représentants de la nation, devrait l'être par une commission responsable immédiatement devant eux et devant le public. Une chambre des comptes n'a jamais prévenu les plus criantes dilapidations, parce que, du moment que les dépenses sont approuvées par l'autorité exécutive, et que les pièces comptables sont en règle, elle n'a plus rien à y voir. (*Note de l'Auteur.*)

Chapitre XXIX
Des Effets économiques de l'Impôt

Que peut-on désirer de savoir relativement aux effets de l'impôt ?

On peut désirer de savoir sur qui tombe réellement son fardeau, et quel est son résultat par rapport à la prospérité nationale.

L'impôt ne pèse-t-il pas uniquement sur le contribuable qui l'acquitte ?

Non : quand c'est le producteur d'un produit qui acquitte l'impôt, il cherche à s'en rembourser autant que possible en vendant ses produits plus cher. Quand c'est le consommateur, il diminue sa consommation ; d'où résulte une diminution de demande et de prix, qui diminue les profits du producteur.

Faites-moi comprendre ces effets par des exemples.

Lorsqu'on met un droit sur l'entrée à Paris du bois de chauffage, le marchand de bois, pour faire payer ce droit par le consommateur, élève le prix de sa marchandise.

Le consommateur de bois paie-t-il, par ce moyen, la totalité du droit ?

Probablement non ; car les consommateurs de bois, ou du moins une forte partie d'entre eux réduisent leur consommation à mesure que ce produit devient plus cher. En effet, sur quoi payons-nous notre combustible ? Sur notre revenu, quelle qu'en soit la source. Chacun de nous consacre une portion de son revenu à chacune de ses consommations. Celui qui a 10,000 francs à dépenser tous les ans, consacre, par supposition, 300 francs à son combustible : il obtient pour cette somme douze mesures de bois. Si l'impôt est d'un sixième de la valeur de la denrée, il n'en obtiendra plus pour la même somme que dix mesures.

Jean-Baptiste Say

Il réduira de même sa consommation de vin en raison de l'impôt sur le vin ; son logement en raison de l'impôt sur les loyers ; et il est impossible qu'il fasse autrement ; car il n'a que 10,000 francs à dépenser, il est impossible qu'il en dépense 12,000.

Comment cet effet réagit-il sur le producteur ?

La demande qu'on fait en général d'un produit venant à diminuer à la suite de son renchérissement, les profits des producteurs en sont affectés. Si le bois était à 28 francs la mesure, un droit de 4 francs le porterait à 32 ; mais il faudrait, pour cela, que la consommation restât la même, ce qui n'est pas possible. Dès lors les producteurs de bois seront forcés de renoncer à une partie de leurs profits, et de le céder, par exemple, à 30 francs ; l'acheteur paiera ainsi son combustible 2 francs de plus, quoique le producteur le vende 2 francs de moins, et le droit de 4 francs aura porté sur le revenu de l'un et de l'autre. Car c'est toujours, en définitive, les revenus des particuliers qui doivent payer l'impôt [1].

1 Des écrivains anglais ont nié que l'impôt en général diminuât la demande, et par conséquent les profits des producteurs. Ils se fondent sur cette considération, que le montant de l'impôt, en même temps qu'il est ravi à quelqu'un, est donné à quelqu'autre : à des fonctionnaires publics, à des militaires, à des rentiers, qui, pour subvenir à leur entretien, demandent à acheter la portion des produits que le contribuable ne peut plus acheter. L'expérience prouve contre ces écrivains, et les bonnes doctrines expliquent les résultats de l'expérience.

L'impôt équivaut à une augmentation des frais de production. Si l'on exige d'un fabricant d'étoffes, sur cent pièces qu'il produit, une contribution de dix pièces pour l'usage des fonctionnaires publics, il est obligé, pour rentrer dans ses avances, de vendre les quatre-vingt-dix pièces qu'on lui laisse comme si elles étaient au nombre de cent, c'est-à-dire à un prix qui soit d'un dixième plus cher. Mais, en vertu d'une loi constamment observée, et dont l'effet est expliqué dans le texte, tout renchérissement d'un produit en diminue la demande et la consommation. De sorte que, lors même que la société se compose du même nombre de consommateurs et qu'elle jouit, en apparence, des mêmes revenus, elle n'est pas en état de consommer autant. Si, par exemple, sur cent consommateurs, dix fonctionnaires publics reçoivent dix pièces d'étoffes pour prix de leurs travaux, les quatre-vingt-dix autres consommateurs qui se seraient accommodés des quatre-vingt-dix pièces restantes, ne le peuvent plus, parce qu'elles ont nécessairement renchéri.

Que l'on remplace par des sommes d'argent cette contribution supposée en nature, qu'on l'étende à tous les producteurs, on arrivera au même résultat. Les producteurs auront beau sacrifier une partie de leurs profits, ils ne pourront empêcher que les produits ne soient plus chers. Or, des produits plus chers équivalent à une diminution dans les revenus de ceux qui sont appelés à les consommer ; on éprouvera toujours,

Quand on demande l'impôt au consommateur, comment le producteur en supporte-t-il sa part ?

Par une suite des mêmes nécessités : si un consommateur achète du vin en Bourgogne, les droits qu'on lui fera payer l'obligeront à réduire sa consommation de vin ; et le marchand, pour vendre, sera obligé de réduire son prix. Aussi remarque-t-on que, plus les droits font renchérir les consommations, moins les producteurs gagnent.

Est-ce toujours d'après des proportions fixes que les producteurs et les consommateurs supportent leur part des impôts ?

Non ; c'est dans des proportions qui varient beaucoup, suivant les denrées et suivant les circonstances. Quelquefois l'acheteur d'une denrée fort nécessaire ne diminue pas sa consommation en vertu du renchérissement ; mais comme il ne peut toujours dépenser qu'une somme bornée, il supprime, en tout ou en partie, une autre consommation, et c'est quelquefois le producteur du sucre qui supporte une partie d'un impôt mis sur la viande.

Qu'observez-vous à ce sujet ?

Que le bois, le sucre, la viande, ce qu'on appelle communément la matière imposable, ne sont en réalité que prétexte à l'occasion du quel on fait payer un impôt, et que tout impôt porte réellement, soit sur les revenus de tous genres des consommateurs qu'ils diminuent en rendant les produits plus chers, soit sur les revenus des producteurs, en rendant les profits moins considérables. Dans la plupart des cas, ce double effet a lieu tout à la fois [1].

---

par l'effet des impôts, une diminution dans les profits auxquels les citoyens pourraient prétendre en leur qualité de producteurs, et dans la jouissance qu'ils voudraient se procurer en leur qualité de consommateurs.

1 La vraie, la seule *matière imposable*, ce sont les revenus des particuliers. Quand un pays croit en richesses et que les revenus y sont, chaque année, plus considérables que l'année précédente, les recettes du fisc, qui ne sont qu'une portion des revenus du public, augmentent, sans que les tarifs des impôts soient augmentés. Il s'opère plus de productions et de consommations, partant plus de transports de marchandises plus

L'impôt ne fait-il pas à une nation un tort indépendant de la valeur qu'il fait payer au contribuable ?

Oui, surtout quand il est excessif. Il supprime en partie la production de certains produits. En France, avant la révolution, une partie des provinces payaient l'impôt sur le sel ; d'autres provinces ne le payaient pas. La consommation de sel était chaque année, dans les premières, de neuf livres de sel par tête, et dans les secondes de dix-huit livres. Ainsi, outre les 40 millions que payaient les provinces soumises à la gabelle, elles perdaient les profits attachés à la production, et les jouissances attachées à la consommation de neuf livres de sel par personne.

D'autres inconvénients ne suivent-ils pas le recouvrement des droits ?

Oui ; c'en est un très-grave que la nécessité de visiter aux frontières, et quelquefois à l'entrée des villes, les ballots du commerce et les effets des voyageurs. Il en résulte des pertes de temps et des détériorations de marchandises. Ce mal devient d'autant plus grave que les droits sont plus élevés : ce n'est qu'alors que les particuliers sont excités à la fraude, et que le fisc est obligé à des rigueurs.

L'impôt n'a-t-il pas le bon effet de favoriser la production, en obligeant les producteurs à un redoublement d'efforts ?

Les producteurs ne sont jamais plus excités à produire que par la certitude de jouir sans réserve du fruit de leurs efforts ; et l'impôt ne les en laisse pas jouir sans réserve. On peut donc conclure qu'il borne plutôt qu'il n'encourage les efforts de l'industrie [1].

---

de ces échanges, de ces actes qui sont des occasions pour l'autorité de demander une contribution. (*Note de l'Auteur.*)

1 Un ouvrage élémentaire n'admet point les développements qui restreignent, dans des cas particuliers, une proposition qui est vraie en thèse générale. Il se peut que la cherté de la main-d'œuvre, fruit des prohibitions et des impositions de l'Angleterre, ait favorisé la découverte et l'adoption de plusieurs instruments naturels et de plusieurs moyens expéditifs qui sont de véritables conquêtes pour l'industrie. Aussi, quand ce pays sera déchargé du poids des abus, et que ses vastes moyens de production seront

Quels sont les effets de l'impôt ?

Quand les droits sont excessifs, ils provoquent la fraude ; or, la fraude est un tort réel que font les fraudeurs aux producteurs qui ne le sont pas ; elle oblige le gouvernement à prendre des moyens de répression qui sont odieux ; à salarier des armées de commis et de gardes qui augmentent considérablement les frais de recouvrement.

Ne pourrait-on pas obtenir quelques bons effets des contributions, outre les besoins publics qu'elles sont destinées à satisfaire ?

Oui ; en les faisant porter sur les consommations mal entendues. C'est l'effet que produisent les impôts sur les objets de luxe et les habitudes contraires à la morale [1].

Le gouvernement ne rend-il pas au public, par ses dépenses, l'argent qu'il lève sur le public par les contributions ?

Lorsque le gouvernement ou ses agents font des achats avec l'argent qui provient des contributions, ils ne font pas au public un don de cet argent ; ils obtiennent des marchands une valeur égale à celle qu'ils donnent. Ce n'est donc point une restitution qu'ils employés uniquement à son profit, il est vraisemblable qu'il jouira d'une prospérité fort grande. (*Note de l'Auteur.*)

1 On a cru longtemps que les droits d'entrée, outre les sommes qu'ils procurent au trésor public, avaient l'avantage de protéger l'industrie intérieure du pays, en lui donnant un monopole, et en écartant la concurrence de l'étranger. Cette opinion est absolument tombée chez les publicistes éclairés, à mesure qu'ils se sont formé des idées plus justes de la nature des opérations commerciales et des fonctions de la monnaie. On sait maintenant que les métaux précieux ne vont d'un pays dans un autre que par suite de leur valeur relative dans les deux endroits, et que leur valeur en chaque lieu tient à des causes autres que les importations et les exportations de marchandises. On sait que toute importation d'un produit étranger, quel qu'il soit, entraîne une exportation équivalente d'un produit intérieur, et par conséquent favorise toujours la production intérieure. De vrai, les lois de douanes peuvent être favorables à la formation de certains produits intérieurs, en particulier ; mais c'est, à coup sûr, aux dépens de quelque autre produit intérieur ; et, en forçant ainsi l'industrie à se porter dans des canaux où elle n'entrerait pas naturellement, les droits d'entrée nuisent à ces produits généraux ; car, abandonnée à elle-même, l'industrie se porterait dans les voies les plus avantageuses. Les douanes sont un impôt qui n'est pas plus mauvais qu'un autre ; mais quant à de bons effets économiques, elles n'en ont aucun. (*Note de l'Auteur.*)

Jean-Baptiste Say

opèrent. Que penseriez-vous d'un propriétaire foncier qui, après avoir reçu de son fermier le loyer de sa terre, prétendrait lui avoir rendu son fermage, parce qu'il l'aurait employé tout entier à acheter le blé, le beurre, les laines du fermier ? Ceux qui pensent que le gouvernement rend à la nation, par ses dépenses, ce qu'il lève sur la nation par les contributions, font un raisonnement qui n'est pas moins ridicule.

Cependant le gouvernement, par ses dépenses, rend à la circulation l'argent qu'il a levé.

L'argent qu'il reverse dans la circulation ne vaut pas plus que les objets qu'il achète, en supposant les achats faits selon les prix courants.

Il encourage du moins la production des objets qu'il achète ?

Oui ; mais s'il avait laissé cet argent aux contribuables, ceux-ci auraient employé ce même argent à des achats d'où serait résulté un encouragement précisément égal. Cet encouragement se serait même perpétuellement renouvelé si le contribuable avait employé l'argent à une dépense reproductive. Vous ne pouvez pas avoir oublié que la consommation reproductive favorise la production au même degré que la consommation stérile, et que n'étant autre chose qu'une avance, l'encouragement qui en résulte se renouvelle chaque fois que la rentrée permet de répéter la même avance. Les sommes que l'économie dans les dépenses publiques laisse aux contribuables la possibilité de mettre de côté, deviennent, entre leurs mains, des portions de capital.

Chapitre XXX
Des Emprunts publics

Dans quel but les gouvernements font-ils des emprunts ?

Dans le but de subvenir à des dépenses extraordinaires que les rentrées ordinaires ne suffisent pas pour acquitter

Avec quoi paient-ils les intérêts des emprunts qu'ils font ?

Ils les paient, soit en mettant un nouvel impôt, soit en économisant sur les dépenses ordinaires une somme annuelle suffisante pour payer cet intérêt.

Les emprunts publics sont donc un moyen de consommer des capitaux dont les intérêts sont payés par la nation ?

Vous les caractérisez bien.

Quels sont les prêteurs ?

Les particuliers qui ont des capitaux disponibles, lorsqu'ils supposent au gouvernement emprunteur la volonté et le pouvoir d'acquitter exactement les engagements qu'il contracte envers eux.

Puisque le gouvernement représente la société, et que la société se compose des particuliers, c'est donc, dans les emprunts publics, la société qui se prête à elle-même ?

Oui : c'est une partie des particuliers qui prête à la totalité des particuliers, c'est-à-dire à la société ou à son gouvernement.

Quel effet produisent les emprunts publics par rapport à la richesse générale ? l'augmentent-ils ? la diminuent-ils ?

L'emprunt, en lui-même, ne l'augmente ni ne la diminue, c'est une valeur qui passe de la main des particuliers aux main du gouvernement ; c'est un simple déplacement. Mais comme le principal de l'emprunt, ou, si l'on veut, le capital prêté, est ordinairement consommé à la suite de ce déplacement, les emprunts publics entraînent une consommation improductive, une destruction de capitaux.

Un capital ainsi prêté n'aurait-il pas été consommé de même, s'il fût resté entre les mains des particuliers ?

Non : les particuliers qui ont prêté un capital avaient l'intention de le placer, et non de le consommer. S'ils ne l'eussent pas prêté au gouvernement, ils l'auraient prêté à des gens qui l'auraient fait valoir ; ou bien ils l'auraient fait valoir eux-mêmes ; dès lors ce capital aurait été consommé reproductivement au lieu de l'être improductivement. Si cette portion du capital national servait précédemment des usages reproductifs, le capital national est diminué de tout le montant du prêt ; si elle était le fruit d'une nouvelle épargne, le capital national n'a pas été accru par cette épargne.

Le revenu total de la nation est-il augmenté ou diminué par les emprunts publics ?

Il est diminué, parce que tout capital qui se consomme entraîne la perte du revenu qu'il aurait procuré.

Cependant, ici, le particulier qui prête ne perd point de revenu, puisque le gouvernement lui paie l'intérêt de ses fonds : or, si le particulier ne perd aucun revenu, qui peut faire celte perte ?

Ceux qui font cette perte sont les contribuables qui fournissent l'augmentation d'impôt dont on paie les intérêts ; ce qui occasionne pour eux une diminution de revenu.

Il me semble que le rentier touchant d'un côté un revenu que le contribuable fournit d'un: autre côté, il n'y a aucune portion de revenu perdue, et que l'État a profilé du principal de l'emprunt qu'il a consommé.

Vous êtes dans l'erreur : il y a dans la société un revenu perdu, ce lui du capital prêté au gouvernement. Si j'avais fait valoir, ou qu'un entrepreneur d'industrie eût fait valoir pour moi un capital de 10,000 francs, j'en aurais retiré un intérêt de 500 francs qui n'aurait rien coûté à personne, puisqu'il serait provenu d'une production de valeur. On ouvre un emprunt et je prête cette somme au gouvernement. Elle ne sert pas, dès lors, à une production de valeur; elle ne fournit plus de revenu ; et si le gouvernement me paie 500 francs d'intérêt, c'est en forçant des producteurs, agriculteurs, manufacturiers, ou négociants, à sacrifier une partie de leurs revenus pour me satisfaire. Au lieu de deux revenus dont la société aurait profité (celui de 500 francs produit par mon capital placé reproductivement, et celui de 500 francs produit par l'industrie du contribuable), il ne reste plus que celui du contribuable que le gouvernement me transfère après avoir consommé à jamais mon capital [1].

Sous quelle forme le gouvernement reçoit-il en général les capitaux qu'on lui paie ?

Il met en vente 3 fr., ou 4 fr., ou 5 fr., de rente annuelle, et il vend cette rente au cours que les rentes qu'il a précédemment vendues ont actuellement sur le marché. Dans cette vente qu'il fait, il reçoit un capital d'autant plus considérable, que le prix courant des rentes est plus élevé : lorsque le prix d'une rente de 5 francs est à 100 francs, il reçoit 100 francs de principal pour chaque fois 5 francs de rente qu'il promet de payer, lorsque le prix d'une rente de 5 francs est à 80 fr..,. il reçoit seulement 80 francs de principal pour une rente de 5 francs.

Conséquemment, il emprunte à des conditions d'autant meilleures que le prix de la rente est plus haut ; et le prix de celte rente est d'autant plus haut, que les capitaux disponibles sont plus abondants, et que la confiance dans la solidité des promesses du

---

1 Voyez dans mon Traité d'Économie politique, liv. III, chapitre IX, un tableau synoptique de la marche de ces valeurs.

Jean-Baptiste Say

gouvernement est mieux établie [1].

Quelles sont les principales formes sous lesquelles un gouvernement paie l'intérêt de ses emprunts ?

Tantôt il paie un intérêt perpétuel du capital prêté qu'il ne s'oblige pas à rembourser. Les prêteurs n'ont, dans ce cas, d'autre moyen de recouvrer leur capital que de vendre leurs créances à d'autres particuliers, dont l'intention est de se substituer à eux.

Tantôt il emprunte à fonds perdu, et paie au prêteur un intérêt viager.

Tantôt il emprunte à charge de rembourser ; et il stipule, soit un remboursement pur et simple, par parties, en un certain nombre d'années, soit un remboursement par la voie du sort, et auquel sont quelquefois attachés des lots.

Tantôt il fait des anticipations, c'est-à-dire négocie, vend des délégations qu'il donne sur les receveurs des contributions. La perte qu'il fait de l'escompte représente l'intérêt de la somme avancée.

Tantôt il vend des offices publics, et paie un intérêt de la finance fournie. Le titulaire ne rentre dans son principal qu'en vendant la charge. Souvent le prix des charges est déguisé sous le nom de cautionnement.

Toutes ces manières d'emprunter ont pour effet de retirer

---

1 On a souvent répété que le bas intérêt auquel un gouvernement peut emprunter, est un indice de la bonne administration du pays, et de l'approbation que le public donne aux mesures du gouvernement. C'est seulement un indice de l'opinion qu'ont les capitalistes que le gouvernement acquittera exactement les intérêts de sa dette ; et les capitalistes conçoivent cette opinion du moment que le gouvernement est assez puissant pour faire exactement rentrer les contributions avec lesquelles il acquitte les intérêts de la dette. Les changements politiques causent en général une baisse dans les fonds, par la crainte qu'ils répandent chez les créanciers de l'État, qu'une nouvelle administration, quoique meilleure pour le public, n'ait pas, surtout dans ses commencements, assez de force pour faire rentrer les contributions. Sous ce rapport, l'intérêt des rentiers est opposé à l'intérêt général. (*Note de l'Auteur.*)

des emplois productifs des capitaux qui sont immédiatement consommés pour un service public.

Les gouvernements n'ont-ils pas des moyens de rembourser leurs emprunts, même ceux dont ils ont promis de payer perpétuellement l'intérêt ?

Oui, par le moyen de caisses d'amortissement.

Qu'est-ce qu'une caisse d'amortissement ?

Lorsqu'on met sur les peuples un impôt pour payer les intérêts d'un emprunt, on le met in peu plus fort qu'il n'est nécessaire pour acquitter ces intérêts, cet excédant est confié à une caisse spéciale qu'on nomme *caisse d'amortissement*, et qui l'emploie à racheter chaque année, au cours de la place, une partie des rentes payées par l'État. Les arrérages des rentes achetées par la caisse d'amortissement sont dès lors versés dans cette caisse, qui les emploie, de même que la portion d'impôt qui lui est attribuée dans ce but, au rachat d'une nouvelle quantité de rentes.

Cette manière d'éteindre la dette publique, par son action progressivement croissante, parviendrait à éteindre assez rapidement les dettes publiques, si les fonds des caisses d'amortissement n'étaient jamais détournés pour d'autres emplois, et si la dette n'était pas augmentée par des emprunts sans cesse renaissants, qui, dans bien des cas, mettent annuellement sur la place plus de rentes que la caisse d'amortissement n'en rachète.

Qu'en concluez-vous ?

Qu'une caisse d'amortissement est plutôt un moyen de soutenir le crédit du gouvernement qu'une voie pour parvenir au remboursement de la dette publique, et que le crédit du gouvernement est pour lui une tentation de consommer des capitaux aux dépens des contribuables qui demeurent chargés d'en payer les intérêts.

Jean-Baptiste Say

Quelle est la situation la plus favorable où puisse être une nation relativement au crédit public ?

C'est lorsqu'elle est toujours en état d'emprunter, et qu'elle n'emprunte jamais.

L'économie des nations est donc la même que celle des particuliers ?

Sans aucun doute. De même que ce serait folie de croire qu'il peut y avoir deux arithmétiques différentes, une pour les individus, l'autre pour les nations, c'est une déraison que de s'imaginer qu'il peut y avoir deux économies politiques.

FIN DU CATÉCHISME.

ISBN : 978-1502706065

www.ingramcontent.com/pod-product-compliance
Lightning Source LLC
Chambersburg PA
CBHW070355290526
45790CB00004B/1496